融阅读：未来学习新样态

蔡阳合　著

哈尔滨出版社
HARBIN PUBLISHING HOUSE

图书在版编目（CIP）数据

融阅读：未来学习新样态 / 蔡阳合著. — 哈尔滨：
哈尔滨出版社，2024.1
ISBN 978-7-5484-7684-9

Ⅰ．①融… Ⅱ．①蔡… Ⅲ．①读书方法－青少年读物
Ⅳ．① G792-49

中国国家版本馆 CIP 数据核字（2023）第 240771 号

书　　名：**融阅读 ： 未来学习新样态**
RONG YUEDU ： WEILAI XUEXI XIN YANGTAI

作　　者：蔡阳合　著
责任编辑：韩伟锋
封面设计：张　华
出版发行：哈尔滨出版社 (Harbin Publishing House)
社　　址：哈尔滨市香坊区泰山路 82-9 号　邮编：150090
经　　销：全国新华书店
印　　刷：廊坊市广阳区九洲印刷厂
网　　址：www.hrbcbs.com
E - mail：hrbcbs@yeah.net
编辑版权热线：（0451）87900271　87900272
开　　本：787mm×1092mm　1/16　印张：10.5　字数：230 千字
版　　次：2024 年 1 月第 1 版
印　　次：2024 年 1 月第 1 次印刷
书　　号：ISBN 978-7-5484-7684-9
定　　价：76.00 元

凡购本社图书发现印装错误，请与本社印制部联系调换。

服务热线：（0451）87900279

序 言

序蔡阳合《融阅读——未来学习新样态》

张况

三百六十行，行行出状元。此言非虚啊。

与我并未谋面的蔡阳合正是这样一位有理想有抱负的行业"状元"、有作为有成果的教育界"翘楚"。

毋庸讳言，我与蔡阳合迄今缘悭一面、并不熟稔。旬日前，一位要好的文友向我郑重其事地隔空推介了蔡阳合其人，说他既是一位讲诚信有担当值得交往的小学校长，也是一名有理想有成果值得尊敬的教育精英，不仅为人阳光、处事公道，而且于语文一途颇有见解，也深得业界人士看好并推崇。文友要说的重点是："蔡校长最近想出版一本关于'融阅读'方面的思考实录，他久慕大名，希望兄百忙中拨冗，仗义为他人站一次'台'、做件好看的'嫁衣'。"

翻阅蔡校长的书稿之后，我觉得甚是新奇有趣好玩，不意竟被他井井有条的阅读心得、严谨审慎的治学精神所打动。只觉得他是个有板有眼有思想的优秀读者，有理有据有观点的合格作家，作协吸收他为"会员"不是问题。这"台"无须另行搭造，值得一站。这"嫁衣"无需特意量身，信手即成。

我不知道蔡校长贵庚几何？"海拔"几许？但这不妨碍我对他博学审问、博闻强记能耐的敬重与钦佩。他年长于我也好，该叫我一声老兄也罢，这不影响我对他这部书稿质量的认可与肯定。资料显示，蔡校长是一位拥有佛科院兼职副教授和研究生指导教师身份的中学语文高级教师，而他的工作职务则是南海区狮山镇罗村联和吴汉小学的校长。从社会兼职不难看出，他该是一位"含金量"颇高的教育工作者。依才华论，以兼职副教授、研究生导师而就职小学教位，多少有些"屈才"的感觉。然而作为南海区"有为校长"、南海区许贤苏名校长工作室成员，他在自己多年的教学工作中却一直甘为人梯，作育英才，默默耕耘，乐于奉献，且具有较高的术业造诣、专攻方向。

由于日常工作中勤于思考、善于管理，遇事爱问究竟，善于总结各类教学经验，蔡校长曾获得过"2020年'中国好校长'奉献奖"之类的"响当当"的褒奖。诸誉加身仍能安之若素、甘之如饴，他这种难能可贵的品质，无疑令蝇营狗苟追名逐利之属相形见绌。

一位热爱语言文字、中国文学，长于思索考辨的语文教育工作者、业余写作者，他的兴趣与爱好同文字文学有着千丝万缕的关联，这显得很得体，也很自然。他此前甚至还出版过《像种树一样做教育》《小学语文整本书阅读思与行》之类的教学专著。乍看书名不瞅内容便知这是他多年执教的沉思录、心得篇，对小学语文教育该是有独特启示意义的。否则，能加入佛山市教师发展促进会，并担任该会的监事长和专家组成员，乃至成为《广东教育》杂志的理事，那不是随随便便可以做到的。这年头，这协会那学会多如牛毛，但以市政府名义牵头组建的正规促进会，其"成色"无疑要比那些拉拉杂杂的"杂牌军""短训营"要可靠许多。蔡校长这番将自己多年的阅读心得、读书体会形成可供鉴赏、可堪玩味的"融阅读"经验和盘托出，这是用心用情的一种奉献。

书稿凡十七万字，在阅读中发现教育、我所理解的"融阅读""融阅读"是未来学习新样态、融校园——构建"和融"校园文化、融社区——打造未来教育社区模式、融自然——融入自然，在自然中成长；融入文化，做有根中国人、融课程——炼成中国味道的课程、"融阅读"学习的评价新样态、"融阅读"资源链接推荐等九章接地气的细致陈述、有温度的贴切论调、有热度的具体个案、重实操的个人经验，可圈可点的幽默情调和顶级香茗般可堪品呷的现实启示意义，这些看得见摸得着的经验之谈，我想，对于那些爱读书、喜欢读好书、钟爱深度阅读的朋友来说，无疑具有一定的指导意义，值得推而广之、张而扬之。

我业余喜欢拼凑点速朽文字，钟爱翻翻典籍名著以充实皮囊，当然也算得上半个读书狂。我白天的阅读时间至少两个小时，到了晚上尤其是周末节假日，那就更是没个准谱，黄卷青灯通宵达旦地阅读，致使第二天呵欠连连白眼频翻也是常有的事。

翻阅了蔡校长这部内容翔实的读书心得、厚重堪听的阅读经验之后，我深感自己平日里的阅读似乎有些失之浮泛，半点不及蔡校长来得细致用心。

蔡校长的阅读启示，让我对"融阅读""融社区""融校园""融课程"等一系列概念有了更进一步的认识。为此，我要感谢他的无私坦陈和有益馈赠。真心希望他这部独具特色的"融阅读"著作，能裨益于爱读书的你我他。如是，则我这蹩脚的"台"便算没有白站，这件目测并不华丽的"嫁衣"就算没有白裁。

是为序。

2022 年 6 月 18 日

佛山石肯村 南华草堂

（张况，著名作家、诗人，中国作家协会会员、中国诗歌学会常务理事、广东省作家协会主席团成员、佛山市作家协会主席）

教育未来的融智慧

赵建华

教育的未来就是人的未来，当人类社会从科技发展的高峰俯瞰人的生存与发展，一个崭新的人文主义时代开始复兴。人工智能、互联网技术融合高科技发展，带来了生命与文化多样性需求的创新时代，教育也从近几百年来助力于"工具性的人才"培养向"具有综合素养的人"的发展而转变，教育的合规律性与合目的性的价值，与时代同步探索未来。

近年来，中国教育正在大步走向以立德树人为基本任务的新时代，学科核心素养、课程核心素养体现出全人教育的特征，融合性的教育亦成为这个时代教育的必选项。从学校教育的价值取向来看，近年来，中国教育的发展在上个世纪九十年代以前，基本是以知识学习为本的，在这个学习知识、考查知识的过程中，教师与学生可以保持相对的客观，学生的聪明智慧与刻苦努力是造就其成功与否的关键；两千年以来的近二十年，从三维目标到学科核心素养的发展过程中，体现出了能力取向的教育价值观，学生学习知识变成了手段，能力成了目的，对于教师来说，在教育过程中已经相对主观，学生能力的培养需要教师设计更有效的学习活动，而不仅仅靠学生的刻苦努力；新时代的教育，正在走向学生全面素养培养的人文主义时代，体现在国家教育目标与课程教学评价系统中，真正能够面向学生德智体美劳的全面发展，这个时代的教师，以提升自己的素养来设计真实情境中的学习，师生是在学习中学习、创造中创造、发展中发展。

纵观国外主要发达国家的教育，无论是历史渊源深厚的英国教育，还是被誉为世界上最好的芬兰教育，乃至现代化程度最高的美国教育，以及我们华语世界的日本、新加坡等国家的教育发展，一方面呈现出高度的融合性、主题式、项目化、整合性、跨年级的学习成为学校教育的新的特征，缘起于美国的 STEAM 教育，日本的"活力型学习"，芬兰"基于现象（主题）的教学"、新加坡的"全人教育"课程以及俄罗斯的"补充教育"等，都具有跨学科、融合性的教育特征；另一方面，以美国的"特许学习"为特征的强化学科核心素养的学校也在世界范围内广泛发展，科学高中、艺术中学、音乐学校等专项科目的综合学校得以兴起，特别是黎巴嫩的SABIS学校，风靡全球，以学科主要概念的诊断与发展为核心，真正成为世界上最高质量的教育代表，与此同时，学科大概念、学科大观念等的研究近年来也成为破解教育质量问题、面向学生全面发展的前沿领地。由此可见，无论是国家层面的课程综合，还是学校层面的学科融合，面向整体的人的综合改革是当代教育改革的基本方向。

很高兴的是，在《融阅读——未来学习新样态》这本书中，系统呈现了从一个学科到全学科，从一批教师到全部教师，从阅读这一单一教学选择到融阅读的综合价值的研究成果。

融阅读，将阅读与学校与教育融合为一体，融合为师生的共同发展，从其形态来看，体现的是"其大无外"，哈特尔和霍金都说"宇宙的边界条件是它没有边界。"然而，中国的经典智慧"其小无内"呢？是原子、粒子还是夸克，还是在我们的行为与心灵深处。将"其大无外"与"其小无内"结合起来，怪不得本书敢说"未来学习新样态"。

因为，从理论上来说，融阅读既有传承阅读教育思想更有自己的原创；而从实践上来说，以"少年讲书人"社团为代表的一系列卓有成效的活动，给出了学校的实践系统。在融阅读教育系统中，我们看到了学习需要完整的"内外兼修""博观约取""理实统一""知行合一""师古法古""感通于心""增进智慧""修养道德""日新至善""明德天下"，一个也少不得。而且，面向未来的全新科技革命时代，融阅读的探索也构成了学生以"读书"大道从简地解决未来复杂世界复杂问题的素养，人类社会的发展对每一个孩子的未来都构成了新的挑战，不确定性的未来世界，需要我们给予学生一个相对确定性的素养，"融阅读"给予的阅读能力，构成学生看待这个世界的方法论和世界观，构成学生在互联网世界一以贯之的学习方式。所以，当教育在学校教育、家庭教育、网络教育和社会教育四者中间争夺学生的实践和成长的空间的时候，探索未来的教育的一种思维方式——融阅读，给出了答案。

一个孩子的成长，说到底，就是道德融合身心两健的成长。通往幸福最近的路是人的道德，通往成功最近的路也是从道德修养开始的。孩子成绩的提高，是父母最欣喜的，然而，通往优异的学习成绩的路有三条：第一，是从道德到成绩，培养习惯、形成良好的品德，马斯洛说"自我实现者的创造性充其量是人格的副产品"，从道德人格教育开始继而提高学习成绩；第二是从实践到成绩，把知识发生、发展的过程经历一遍，在真实的情境，包括阅读情境中浸润沉浮，在实践探索中的内化才能铭记于心；第三是从知识到成绩，知识的量变，融阅读带来的大量读书，加上父母老师对知识的孕育，从而产生智慧发展，提高学习成绩。三条道路，孩子的主动性和家长、老师的创造性相互促进，才能大有作为，盯着孩子的今天，会丧失今天的兴趣，展望孩子的未来，会赢得"何天之衢"的大道，所以，融阅读，取法乎上，则有所得。

（作者系南方科技大学未来教育研究中心教授、副主任，联合国教科文组织高等教育创新中心高级专家，华南师范大学教育技术学博士）

教育因阅读而不同

白宏太

一年多前的某个夏天傍晚，我在佛山市南海区进行教育调研。忙完了一天的工作，蔡阳合校长约我吃饭，在一家乡村小馆把酒言欢。三杯两盏下肚，蔡阳合无意说起自己在学校开展的阅读教育实践，而我正好也对阅读有一些观察和思考。于是两人越聊越投机，古人有以诗下酒，那天我俩是以阅读下酒，聊得很尽兴，也喝得很尽兴。

让我惊异的是，不久后再见面，蔡阳合迫不及待地拿出一份学校发展规划，说要在学校开展"融阅读"。他谦称，规划中的许多新鲜创意，都来自在小酒馆里我提出的建议。其实那天我趁着酒兴说了什么，早记不太清楚了。

但我由此肃然起敬地感到，蔡阳合不仅是一个有心人，而且是一个行动派。估计阅读教育一直是在他心头萦绕的大事，稍有外力触发，立刻付诸教育行动。他喜不自胜地说，"融阅读"这件事大有可为，将是他倾其教育生涯努力追求的理想愿景。

且不说蔡阳合对"融阅读"这个概念的独到创见，仅从重视阅读教育的态度来说，这确实是一位有真性情、愿意做真教育的校长。

之所以这么说，是因为的确有把阅读变成"假教育"的校长。曾经去某地的学校采访，听闻老师们说，该校以创建"书香校园"为特色，但学校其实连个图书室都没有，所有图书杂乱地堆在仓库里，弃如敝屣。校长口中的"书香校园"，不过是每年炮制一份总结材料，借机换取一点上级的专项经费罢了。

阅读，本应是学校的主业之一，或者说应是学校教育的常态之一，怎能想到竟成了作假的"形象工程"！这听起来很有讽刺意味，但实际上丝毫不奇怪。

因为说到底，这些年来，教师教书而不读书，已经成了见怪不怪的事。许多教师工作大半辈子，仅凭着一本课本和一本教参，居然也能站稳讲台。这样的教师大概只能称其为"教书匠"，不能算读书人，更不能算文化人。真的很难想象，一个不爱读书的教师，如何能教出真正热爱读书学习的孩子，又如何教出有独到思想见解、有高贵精神气质的未来公民？由此可以断言，那些不读书的教师，多半进行的也是"假教育"，真正是"误人子弟"。

反之也可以看到，那些想做"真教育"的校长，往往是将推动教师读书作为一个重要的着力点。阅读是一项慢功夫，不会在办学成效上立竿见影，却能够在潜移默化中滋养教师的精神，唤醒教师的良知，培养做"真教育"的教师。

而让我颇为赞赏的是，蔡阳合就是这么做的。从他做校长开始，就把给教师赠书作为一项精神"利是"，起初是"统一行动"，全校教师人手同一本书，后来又改进做法，列出书单、提供经费，让教师自己选购。同时一项雷打不动的要求就是，教师必须写出3000字的读书心得体会，蔡阳合亲自批阅，甚至为杜绝教师抄袭，还要上网进行文献"查重"。对阅读的重视程度，由此可见一斑。

更难得的是，在要求教师读书以前，蔡阳合早已以身示范，在朋友圈里以爱读书而闻名。过去没教过小学、没做过小学校长的他"困而知学"，从读书开始寻求办学的灵感与智慧。他是读书APP"得到"的忠实粉丝，进而注册了"得到大学"，认认真真地跟随"得到"一起读书，参加线下研讨，成为"得到大学"的优秀学员，甚至还跟"得到"创始人罗振宇交了朋友。

一个校长读书与不读书，办学境界也会迥乎不同。

这从蔡阳合身上也能看出一些分别。作为小学校长，他很少谈及分数、排名这些"硬指标"，也不谈"一招一式"的所谓特色或创新，而是更注重从学校文化变革入手，改变教师的专业生活方式，改变学生的行为习惯与精神面貌。他不拘一格，既注重办学传统，又能够守正出新，用思想引领学校。

我曾参与蔡阳合所在狮山镇的教科研成果评审，一个印象深刻的细节是，在蔡阳合任校长的学校，教师们的专业写作素养明显不一样，提交的教研成果问题意识突出、思维表达清晰。我想，这应是"输入"决定"输出"的结果，是"腹有诗书气自华"的显现。

这是阅读给一所学校带来的更内在的改变。我始终认为，阅读是一所学校、一位教师、一个学生最应该重视的"基础工程"，它会持久地发生作用，是真正让人决胜于过程、赢在终点的"核心素养"。

而在蔡阳合看来，他倡导和追求的"融阅读"，是"未来教育的一种形态"，将会"催生一个实施全新学习方式的未来学校"。

我很赞赏他的这一判断。我的理解是，重视阅读，一定程度上也是对教育传统的一种回归。古代的教育就是从阅读开始的，所谓"书读百遍，其义自见"，能把书读通了，读明白了，教育的目的也就达成了。这样说来，阅读就是传统教育的存在形态。

　　站在新的历史时代，蔡阳合所说的"融阅读"既是一种回归，更是一种创新发展。他将"融"字解读为"空间之融、时间之融、主体之融、对象之融、介质之融"，由此，阅读融入教育的一切时空，也囊括了教育中的所有人员，成为所有学科教学的基本教学方式，更涵盖了数字时代对一切信息媒介的学习，凡诉之于人的各个信息接受感官的，都可称之为阅读，或称之为大阅读、融阅读。

　　从这个意义来说，"融阅读"被定义为一种未来教育形态，绝非虚言，也并不夸张。

　　这正是蔡阳合无比兴奋，决定将"融阅读"作为教育余生为之奋斗的理想愿景的根本原因吧。他的兴奋，是一种发现教育新境界的惊喜顿悟，是"觉今是而昨非"的精神愉悦。

　　我也由此大胆预言，蔡阳合将会在未来学校建设中另辟蹊径，拥有自己的一席之地，因为他已经找到了开启未来教育的一把钥匙。这不是恭维之词，而是一种期待，需用时间去证明。

　　是为序。

　　（作者系华南师范大学教师发展与管理专业博士生，曾任中国教师报全媒体运营中心主任，资深教育媒体人、阅读教育推广人）

目　录

第一章　在阅读中发现教育

2021 年 11 月，深秋的一天，在我们联和吴汉小学，一个深受师生们喜爱的校园组织——"少年讲书人"社团正式挂牌成立了。

说起这个社团的成立，还有一段让我们颇感自豪的经历。就在去年暑假，广东省教育学会联合省电视台，发起了第三届"少年讲书人"电视展评活动。我们踊跃组织全校师生报名参加，没想到，学校在这次活动中可谓是大放异彩，一共有 3 名学生被评为"王牌讲书人"、360 名学生获评"卓越讲书人"，还有 587 名学生被评为"优秀讲书人"，我们的 40 位教师也因此获得了省级"优秀指导教师"奖。

一所原本不起眼的乡镇小学，怎么会取得这样的佳绩呢？师生们的优异表现引起了活动组委会的好奇。经过深入了解，与学校沟通接洽，"少年讲书人"组委会决定，在我们学校成立"少年讲书人"社团，通过社团活动对学校的阅读教育进行经常性的指导。

这样一个社团的成立，对学校是一个"意外的惊喜"。在社团成立仪式上，我高兴地说："社团的成立对于我们的创生校园建设是一个非常好的契机，就像是一粒种子播撒在了校园的沃土里，它会落地、开花，最终会枝繁叶茂，果实累累！"

是的，这只是学校阅读教育结出的一颗果实。阅读是联和吴汉小学的教育特色，自我担任校长以来，提出了"融阅读"的学习理念，将阅读学习作为改变师生、影响家校的教育方式，进而改变学校教育生态、创设新的学校教育方式的一种尝试。

虽然我们开展"融阅读"的时间还不长，但是一些可喜的改变正在慢慢发生，阅读正在润物无声地让联和吴汉小学的教育展露出新的生机与活力。

第一节　改变教育，从阅读开始

2020 年 9 月，我离开工作 3 年的芦塘小学，调任联和吴汉小学校长。这是一所有着近 60 个教学班，2800 多名师生的大规模学校。站在新起点，怎样才能找到办学的着力点，撬动学校实现新的发展？

来到联和吴汉小学的第一个学期，我"按兵不动"，静静观察，对校史、校情和现状先进行了一个整体了解。联和吴汉小学，2008 年作为一所"改薄工程"的镇属学校，由当时的联和小学和杨溯珊纪念学校合并而成，因其中的联和小学是由本地爱心人士吴汉先生捐资兴建，所以并校后就定名为联和吴汉小学。十几年来，在几任校长和师生们的共同努力下，学校的办学质量不断提升，在创客教育方面特色显著，取得了不错的成绩。

联和吴汉小学基于创客教育特色，提出"和融创生、和美吴汉"的办学理念，我对此十分赞赏。我本人也是创客教育的倡导者之一，可以说在这里又找到了办学的契合点。同时，从新时代的育人需求出发，我对"创客教育"的内涵做了新的解读，提出了"每一个人都是天生的创造者"的育人理念。

显然，要办好一所学校，既要做好传承，又要创新发展。在听课、访谈、观察中，我也逐渐找到了学校需要进一步提升的空间所在。作为一所从原有的乡村学校转型而来的新兴城镇学校，一方面，学生们的学习基础、学习习惯和学习质量都相对薄弱；另一方面，教师年龄结构不合理，许多教师生活无虞，上进心不强，处于发展"平台期"。

面对这样的状况，我最初是从抓课堂教学常规入手，向课堂 40 分钟要质量。在我看来，小学是为学生一生成长奠基的重要阶段，这个阶段固然要培养学生多方面的兴趣爱好，但这一切的基础，必须是以孩子良好的知识习得为前提。没有坚实的知识学习为基础，孩子今后的发展就成了无源之水、无本之木，如果根基不牢，又怎样实现未来的可持续发展呢？

这些年来，随着新课程改革的推进，我们的小学教育似乎走进了一个误区。为了体现新课改精神，我们的课堂变得比过去热闹了，为追求这样的热闹，在课堂上一味求新、求奇，各种教学手段令人眼花缭乱。同时，在满足学生个性化发展需求的名义下，学校纷纷开设了许多选修课、特色项目、活动课程……学校要成为"课程超市"，"让每一个学生都有可选择的课程"一时成为了学校竞相追逐的目标，仿佛只有这样才是实施了"素质教育"。

可是，实施素质教育，就一定得要求课堂越热闹越好、选修课程越多越好、特色项目越新奇越好吗？这其实是一件很值得我们反思的事。

在我看来，这恰恰是舍本逐末，丢失了教育的根本。学校教育固然要有丰富的、可选择的课程，从而实现特色发展、满足学生的个性需求。但一个重要的前提是守好学科教学的主阵地，培养好学生的学习习惯和学习能力，让他们具备坚实的知识基础和完备的知识素养。

一句话，素质教育当然不是只要"热闹"，不要"质量"。古人云，"守正出新"。这启示我们，只有"守正"，才能"出新"。任何创造性的成果，都必须建立在科学、规范的基础之上。

正是基于这样的认识，在联和吴汉小学，我没有急于开展什么新项目、新花样，而是狠抓课堂教学常规，从教学的规范性要求做起，让教师们老老实实上好每一节课，培养学生的学习习惯，巩固学生的知识基础。

但我发现，仅仅做到这一点还不够。学校的教育质量问题，表面看是因为课堂教学不够规范、效率低下。实际上，追根溯源还在于教师的教育教学观念比较陈旧、学生的学习能力不强。要真正解决这个问题，必须找到源头，实施更深层次的教育变革。

变革的源头在哪里？从我自己多年来的成长体会和办学经验出发，我觉得关键是抓好一件事——阅读。

作为语文教师，阅读是必不可少的教学基本功，多年来我始终保持着阅读的习惯。然而，阅读让我受益最大的，还是在做了校长以后。

2017年10月，我中途接手，来到芦塘小学任校长。此前的我长期在中学任教，也从未有过担任小学一把手的经验，初来乍到，难免心里一片忐忑。如今想来特别庆幸的就是，作为一个新手校长，面对工作中的问题与困惑，我自然地想到了阅读，通过阅读寻找办学的方法，汲取优秀同行的教育智慧。

正所谓，"困而后学，学以致用"。阅读开阔了我的教育视野，更新了我的教育认知，也教会了我如何做一个小学校长。与以往不同的是，过去的我可能更多地关注学科教学，现在的我在广泛涉猎中体会到了"触类旁通"的喜悦，阅读并不拘泥于教育类书籍，却总能从中得到教育的启示与办学的灵感。

因为发现了读书的新境界，在芦塘小学，我倡导所有教师都要读书。每个学期，我都会给他们列出一张书单，请他们从中选出想读的书，然后学校买了送给他们。同时，我们也开展书香校园建设，我提出了"让阅读成为习惯，让书香飘逸校园"的理念，优化学校的阅读环境，为每个班级都设置了图书角，学校的楼道、走廊、阶梯都布置成开放的读书场所，并组织教师开发"阅读培根课程"，让学生在有计划、全时空的阅读活动中提升素养、积淀智慧。

阅读使芦塘小学发生了神奇的变化，短短三年时间，这所原来又脏又破的乡村小学焕然一新，师生的精神气质也大为改观。

这样的办学经历让我领略了阅读的力量，如今在联和吴汉小学，我也希望找到一条合适的阅读途径。而这几年来的不断读书学习，也使我对阅读的功能、价值、方法等有了深入理解。

第二节　我从"得到"得到了什么

提及阅读，就不得不说一说我的一段特殊的阅读经历，它对我的阅读观念乃至学习理念都产生了深刻影响。

我的一位微信好友，经常会在朋友圈分享一些阅读感受。最吸引我的是，他每次分享的方式都别具一格，常常是用"九宫格"的方式，通过九张图片，用精练的文字、图文并茂地展示一本书的内容和阅读感受，每次看完都让我受益匪浅，也吸引着我经常关注他的朋友圈。

他的那些精美的图片和文字是从哪里弄来的？我一度感到很好奇，直到有一天，我偶尔注意到，他分享的最后一张图片下角有一个小小的二维码，我试着用手机扫码进入，惊奇地发现，原来是一个叫"得到"的 APP，其中有一个"每天听本书"的栏目，只要支付很少的费用，就可以每天听书。

居然还能"听书"？我试着注册了一个会员，选了一个 7 天免费试听体验的服务。此后的 7 天，我每天都打开 APP，大约花半个多小时的时间听一本书。

7 天的听书体验，为我打开了一个新世界。"得到"上推荐的图书，都是由专业的团队精挑细选将书的内容编辑加工后，浓缩了全书的精华，在半个小时的时间里介绍给听书者。这样"短平快"的阅读方式，很适合我这样工作很忙、没有大块时间用于读书的人。

于是，免费试听结束后，我毫不犹豫地在 APP 上又选了长期付费听书的服务。从此以后，我每天早晨一起床，第一件事就是打开"得到" APP，花半个小时时间听完一本书，然后再开始一天的工作。就这样，用不了多久我就听了 40 多本教育著作，除了教育类图书，我还凭个人兴趣爱好，听了不少其他方面的书籍。

可以说，短时间内能涉猎这么多书，在以往的纸质书阅读中是很难做到的。

虽然每本书都是用半个小时的时间就听完了，有点像"快餐"，但实际上，"得到"的图书编辑团队具备很高的专业素养，他们推出的每一本书，都会选择合适的专家进行二度编辑和创作，既会对书中最精华的内容予以介绍，又会对相关内容进行导读，并介绍书的作者情况、写作背景、社会影响等等。

因此，听这样一本书，就像聆听一位相关专家上的一节名著赏析课。有的书我听过以后觉得意犹未尽，就会想办法买到纸质书，进行进一步的精读。在听了一段时间之后，我又做了一件连自己都觉得不可思议的事，那就是，注册成为"得到大学"的学员。

什么是"得到大学"？按照"得到"APP创始人罗振宇的话来说，就是"一所服务终身学习者的通识学校"，它通过线上线下结合的学习方式，把分散在社会分工中、正在被创造但还未被整理的知识挖掘、提纯、分享出来，帮助用户实现深度学习。

简单地说，这类似于一所"网络大学"，每个学员按照课程设计要求，要在线上完成相关的知识学习，同时通过线下群体学习的方式，及时反馈、相互交流分享，实现学习成果的最大化。

虽然只是一种自愿参与、虚实结合、松散组织的学习方式，但我学得极其认真，老老实实地听完规定的书目，积极参与每一次的线上研讨、线下会议，如饥似渴地汲取着各种前沿的知识内容，也与来自各行各业的学员进行交流互动。"得到大学"学习期满，我被评为优秀学员，并且因此结识了罗振宇，我们成了微信好友，他也会经常在朋友圈里为我点赞，关注我的学习和思考。

坦白说，"得到大学"并不是一所真正的大学，它的文凭也没有什么实用价值，但我为什么会这么认真呢？说到底，就在于通过这样短时间内海量地、集中地学习，我从中真正感悟到了知识的力量、学习的力量，感受到自己认知能力和精神世界的显著变化。

就像罗振宇常说的一句话：你现在所遇到的问题，其实早就有一本书里有一个方案，在某个地方等待着你。

真的是这样，在从"得到"上听书，跟随它一起学习的过程中，我深刻地体会到了这句话的意义。当时的我刚在芦塘小学任校长，办学中随时都会遇到各种困惑，也时常感到巨大的压力，但就是在广泛阅读学习的过程中，我看问题的深度变了，我找到了办学的灵感，也觉得自己的心胸慢慢开阔了。

过去我在教育工作中，更多凭借自己的经验积累和个人认识去做事，而现在则学会了站在"前人的肩膀"上，借助更多人的智慧，从一个更高的视角去看待教育、解决问题。

这是"得到"给我的一个最直接的收获。而"得到"给我的另一个重要收获就是，我养成了与人分享的习惯。

在"得到"上，对听书用户的一个小小的要求就是，当你听完一本书后，一定要把你的收获和体会传播出去，它提供的每一本书都会提供各种的图文资料，鼓励和方便用户去传播。

一开始，我只是按照这一要求下意识地去做，但慢慢地，这变成了我的一个学习习惯和工作习惯，我也从分享中尝到了甜头。分享行为本身就包含了个人对某一知识内容或理念的选择、思考，是自己觉得有价值的东西才会去分享。因为分享，无形中促进了自己的深度思考。而自己分享的学习内容在朋友圈里得到大家的赞赏，也是一种激励。此外，有的朋友看了我的分享，会跟我进行简短的交流和讨论，这对我又可以产生新的启发。

如今的我，每当听到或读到一本好书，就会第一时间分享给学校的教师们，觉得特别有价值的书还会买回来让大家共读。同时，在我的影响下，我身边也有不少校长和朋友注册了"得到"，经常性地在工作之余坚持听书、学习。

还有让我意想不到的一点变化就是，我无形中在朋友圈里收获了很多"粉丝"。我平时在朋友圈分享的许多知识内容，深受朋友们喜爱，许多人看过后纷纷主动转发。而我分享的一些办学实践、学校的各项活动也受到更多人的关注。甚至还有一些校长朋友看了我的朋友圈，对他们学校负责新闻宣传的教师说："你要多关注蔡校长的朋友圈，看看他是怎么宣传学校的，我们要好好向他学习。"

借助"得到"这一另类"阅读"平台，我可谓是收获颇丰。当然，最重要的收获，就是找到了变革学校的另一条路径。

第三节　办好教育，从"根"出发

阅读带给我的最根本的改变，就是阅读观本身的变化。

如果说，过去的我更多地是从一位语文教师的角度，将阅读作为语文教学的一种方式或一项要求，作为一种教学的方法手段。而如今的我则更多地是从校长的视角，从办好学校教育的角度去认识阅读，看到了阅读改变教育的重要价值。

要办好一所学校，可以有很多种方法。有的校长最看重的是分数和升学率，通过狠抓教学，短期内很快见效；还有的校长擅长于特色教育，通过特色项目开展，学校变得红红火火；也有的校长重视学校形象，争取上级或社会支持，让学校面貌一新。诸如此类，方法不一而足。

在我看来，诸多的方法选择中，还有一条可能短期很难见效，但却更为持久、影响更为深远的办学路径。那就是通过读书学习，改变一所学校的文化、理念与精神。

这一观点当然不是我的创新，管理学大师彼得·圣吉在他的《第五项修炼》一书中早就指明了，要通过"学习共同体"的建设去引发组织的文化变革。

这无疑启发我们，办好学校教育，必须从"根"出发，找到改变学校的决定性力量，引发深层次的教育变革。

我在芦塘小学的办学经历，也进一步印证了这一观点。还记得，第一次走进芦塘小学，在眼前的是陈旧的教学楼，灰色斑驳的水泥路面，朴实的教师，肤色黧黑的孩子，一切都让人感到说不出的压抑。表面上看起来，这所学校似乎没有任何发展优势。但是，我一经了解才知道，这所不起眼的乡村小学其实已经有100多年的历史，校园中央两棵大榕树就是学校历史的见证，据说也有100多年的树龄，长得比教学楼还高，枝叶婆娑、垂垂如盖。

就是从这两棵大榕树身上，我找到了教育的灵感。在整理百年办学历史的基础上，我提炼出了"本根教育"的办学理念，以此启发大家，教育是"百年树人"的事业，只有"根深才能叶茂，立德才能树人"。为此，我们提出"正做人之根，养儒雅之气"，除了引领教师读书，我们还下大力气，创设出一系列特色教育实践：仪式德育、传统文化校本课程、岭南民间技艺……就这样，因为办学理念的引领，学校的教育有了魂儿，也有了鲜活的气息，教师们的观念转变了，在读书学习中慢慢体验到育人的幸福。

让我深感自豪的是，虽然我已经离开了芦塘小学，但那里有一批教师已经具备了坚实的专业素养，使得学校仍保持良好的发展势头。

与在芦塘小学相比，如今来到联和吴汉小学，我在办学上更为从容和自信。作为校长，我固然重视教学质量，但我不愿意做一个只会抓分数、汲汲于功利的校长，而更愿意从改变"人"入手，办着眼长远的、更为大气的教育。

这也是我决心将阅读作为一项长效工程，用阅读改变学校教育的初衷。我相信，阅读是推动一个学校成为"学习共同体"，进而实现组织文化变革的根本性动因。

阅读给我本人带来的改变让我意识到，它绝不仅仅只是语文教学的一个方面或语文课堂的拓展，而是改善师生的学习方式、改变学校的教育方式，提升学校的文化品位，进而优化教育生态的一个绝好的载体。

2021年7月，国家"双减"教育新政落地，许多热衷于给孩子补习数学、英语等的家长纷纷叫苦，通过提前学习、超纲学习的方式给学生补习学科知识的路被堵上了，他们一时不知如何是好。

实际上，这种补课无疑是舍本逐末，而且收效甚微。在孩子成长的关键期，真正应该给孩子补的，应该是他们的学习习惯、学习能力和学习兴趣，这方面最好的"补习"方式就是阅读。正如一位日本作家通过自己几个孩子的成长经历得出的结论，"最好的学区房就是你家的书房"。是的，与其热衷于给孩子报补习班，不惜高价购学区房，不如培养孩子良好的阅读习惯。

对学生而言，阅读的目的绝不在于提升语文成绩，或者写作文时有话可说。良好的阅读能力与习惯，是一切学习活动的重要基础。一个具备良好阅读能力的孩子，意味着他具备了自主学习的能力与自主搜集信息的能力，可以在浩瀚的知识海洋中自由游弋，寻找自己需要的知识，找寻问题的答案；同时也意味着他具备了较好的理解能力，能够较好地吸收知识中的养分，进而将知识转化为自己的素养和能力。所以，一旦一个孩子爱上了阅读，就意味着教师和家长完全不用担心他的学习，可以大胆放手让他自主学习了。

也因此，在学校教育中，培养孩子的阅读能力，不仅仅是语文教师的事，而是各个学科教师的事；不仅仅是课堂教学的任务，而是学校教育的重要任务之一。对学校而言，要尽可能地创造一切的空间、时间、活动及其他途径，去让孩子参与阅读、爱上阅读，变被动学习为主动学习。

阿根廷作家博尔赫斯曾经有这样一句名言："如果这世上真的有天堂，它应该是图书馆的模样。"这无疑启示我们的学校教育者，要把整个学校变成一座开放的图书馆，让孩子随时随地都可以阅读，也让阅读变成一件幸福的事。

我想，博尔赫斯的话说出了阅读的真谛，也仿佛给我们提出了一个理想的目标：我们未来的学校、未来的学习方式，都应该是从阅读开始，或者说围绕阅读来展开。

这也是我向往的理想学校的模样。

第四节　让阅读成为一种生活方式

尽管谁也不能否认阅读的重要性，都希望培养出热爱阅读的孩子，但一个不可否认的现实就是，学生整体阅读能力的下降已经到了令人担忧的程度。今天的孩子生活条件越来越好，并不缺少书读，但缺少对阅读的热爱。

问题出在哪里了呢？如果要探寻原因，我们可以找出一大堆理由，比如，阅读与学科学习的脱节，阅读与实践脱节，阅读窄化，阅读过于功利化，缺少科学的阅读方法指引，缺少输出，缺少思考及思维碰撞，良好阅读氛围的缺失，电子产品的影响，等等。

原因并不难找，可是究竟该如何去解决呢？似乎并没有太好的办法，说到底，阅读也是一个系统工程，仅靠某一方面的改变并不能真正奏效，让阅读的整体状况有所改观。

2020 年初，突如其来的新冠疫情打乱了全人类的生产生活节奏，也深刻地改变了我们的学校教育。面对疫情的肆虐、生命的脆弱，在忧生伤世的同时，我生发出许多对教育、对知识学习的反思。

学校教育的价值究竟是什么呢？在漫长的学校教育过程中，我们教会了学生许多的知识，可是这些知识远不能让他们应对未来人生道路上的未知挑战，更不能有效解决来自人类自身和外界环境的各种灾害。新冠疫情给人类上了最深刻的一课，它警示我们，并不是知识越多、科学越发达，人类就越幸福，世界就越太平。

问题就在于，我们教给学生许多知识，却忽略了教给学生比知识更重要的东西，或者说知识背后的价值，那就是对大自然的敬畏，对生命的尊重，对美好事物的热爱，等等。

面对疫情的拷问，我们需要在反思中回归教育的本源！

我由此想到了阅读，阅读不一样要回归本源吗？我一直清楚地记得，在自己小时候，在那个全民的精神生活都极其贫瘠的年代，能够得到一本书的欣喜与满足。那时候只要一书在手，简直是如获至宝，马上会迫不及待地、如饥似渴地读下去，浑然忘却了身外的一切。

而现在，我们的生活越来越富足，我们可读的书越来越多，但我们面对的外界诱惑也越来越多，于是，读书的时间越来越少，我们再也找不到当年阅读的那种美好感觉。

深刻反思，我们发现，阅读离我们的日常生活越来越远，显得与当下的生活格格不入，与闲暇时捧着手机、平板追剧、打游戏或看娱乐节目相比，读书似乎显得越来越不合时宜。

我想，要改变这种状况，必须让阅读回归生活，成为今天人们的一种生活方式。从学校教育而言，阅读不是为了让孩子学好有限的几门学科，也不是为了让孩子掌握更多的知识，而是为了引导他们进入人类文化的长河，在阅读中追随人类精神成长史中那些伟大的创造、深邃的思想、高尚的灵魂，在体验"大我"中丰富"小我"。

简单地说，学校教育要倡导的，应该是一种"大阅读"的理念，让阅读超越功利，回归真实生活；让孩子们既要读有字之书，又要读无字之书；既要读好书，也要读生活、读自然、读世界、读人生。

特别是，在疫情最严峻的日子里，当我们只能"停课不停学"，通过网络学习。当我们只能被封闭在各自的小区或房间里时，我们多么渴望重回阳光下，回到大自然的怀抱里，自由地呼吸新鲜的空气，在自然中去认识山川河流、花鸟虫鱼。

我同样想到的是，在我们佛山这个具有浓郁岭南文化特色的城市，许多优良的传统文化习俗、岭南文化名人、地方风土人情、历史文化古迹乃至特色名产名吃等等，都是可以利用的学习资源，是学生在阅读社会这本无字大书的过程中最生动鲜活的素材。

比如说，我们学校所在的佛山市南海区罗村，是有名的"花灯之乡"，是佛山花灯的发源地。佛山花灯工艺精美、造型丰富，在我国传统花灯艺术中占有一席之地，也是岭南花灯艺术的杰出代表，是富有特色的民间艺术，也是民俗文化的载体。每年正月初九的乐安花灯会，是当地特有的传统民俗，也是当地人的重要庆典，以祈求新年添丁发财行好运。

为此，我在此前工作过的两所学校，都将这一传统民俗引进学校的校本课程，让学生了解罗村花灯的历史文化，请花灯艺人进学校教学生们制作花灯，并进行花灯制作的展示和汇报。不用说，这就是一门大阅读课程，让学生在校本课程的学习中阅读佛山的历史民俗，从中了解家乡文化，体验家乡风土人情，从而增进对家乡的热爱。

古人云，"读万卷书，行万里路"。其中蕴含的，其实就是一种"大阅读"的理念，也是一种泛在学习的理念，告诉我们不能死读书，而是要将读书与行路结合起来，将知与行结合起来，既要多读书，又要注重生活体验，在大千世界中去增长人生阅历，让学习与成长随时随地的发生。

不过，"大阅读"还不能准确表达我对阅读的新设想。这些年来，"大阅读"经常被人们挂在嘴边，往往不加辨析地到处使用，成了"什么都往里装"的"大筐"，因为概念含糊，也容易流于空谈。

而我所理解和向往的阅读，应该是一种学习方式的再造，也是一种学校生活的再造，是未来学习的样态之一，我反复斟酌，觉得称之为"融阅读"可能更贴切。

第五节 在"融阅读"中开创未来

"融阅读"这一理念的产生，是这样几件事给了我启发，促使我深入思考。

2021年暑假的一天，资深教育媒体人、曾任中国教师报全媒体运营中心主任的白宏太主任来狮山调研，工作结束，我俩在一家小饭店用餐。说起新学期的工作，我提起了想在学校推行阅读的一些思路。没想到，他对阅读也有许多观察和思考，我们俩越谈越投机，越说越默契，一些想法可谓是不谋而合。在他看来，阅读不是学校的一项特色活动，而是撬动学校整体变革的有效手段，可以通过阅读打通课堂与课外、校内与校外、学校与家庭之间的联系，实现学习方式的再造和教育生态的构建。

白宏太主任认为，阅读也是实现多学科融合的途径。他跟我分享了一个重要信息，在北京大学教育学院，郭文革教授曾与国内的中学联手开展了数字化阅读的尝试，师生们以 TED 演讲视频为"阅读材料"，通过远程学习，激发学生的创新思维。在这门创新性的阅读课程中，孩子们的"阅读媒介"是视频素材，孩子们的学习方式是看、听、说、想，感官充分打开，课程的作业也是以鲜活的手工制作、调查报告、数字设计等方式进行。

这是一种全新的阅读方式，我听后大受启发。在此之前，我在"得到"的学习经历，同样更新了我对阅读的认识。在如今这样的多媒体时代，阅读已经不仅仅是用眼睛看，也不仅仅局限于书籍这一媒介，而是可以利用图像、视频、音频、实物等多种信息媒介，调动眼、耳、口、鼻、手、脑等各个感官，通过看、听、说、嗅、触、想等方式，实现"多元阅读"。

另外有一件小事，也让我领略了新媒介手段的力量。到联和吴汉小学后不久，正赶上国庆节，怎样展现学校师生的爱国情怀呢？想起当时正流行的校园红歌热，我便用手机录了一段校园生活场景，配上爱国歌曲，制作成一个短视频，发在了抖音APP上。没想到，这段随手拍下的、制作挺粗糙的视频，居然在朋友圈被热传，最终点击量有195万多。由此可以看出，新的媒介手段的影响力越来越大。

近年来，各种电子产品对于青少年学生的危害越来越令人担忧，各级部门都出台了一系列禁止或限制使用的相关规定，但实施效果并不尽如人意。要知道，如今的孩子被称为信息时代的"原住民"，他们从小就适应了这样的多媒体环境，行为方式和思维方式都深受影响，如果不理解这一点，将电子产品一律视为洪水猛兽，一味禁止，恐怕不是好办法，更明智的态度应该是如大禹治水，变堵为疏。

这使我想到，新时代的阅读，应该用好多种媒体手段，突破传统的阅读媒介和时空的限制，实现多元阅读、泛在阅读，在阅读中实现学科的融合、家校的融合、媒介的融合、师生的融合等等。

那天，我把自己的想法跟白宏太主任做了深度交流，他也十分赞赏，鼓励我抓紧时间在学校里把这些阅读的新创意实施出来。回到家里，我越想越兴奋，原来关于阅读的一些碎片化的、模糊的认识越来越清晰。我意识到，这是一个变革学校教育的创新路径。趁着放暑假有充裕的时间，我一鼓作气把这些想法系统地整理出来，形成了学校开展"融阅读"的顶层设计。

我所设想的"融阅读"，是一种全员参与、全方位育人、全学科育人的教育载体。"融"字是一个我很喜欢的字眼，也是表达我们开展阅读活动的一种状态，那就是"交融""融汇""和融""圆融"，它意味着，这样的阅读活动是一种"慢教育"，像雪花融化、盐溶于水一样，润物无声、潜移默化地影响着教育中的每一个人。

毫无疑问，这样的"融阅读"，与学校的"创生教育"理念也是一脉相承，有着内在的一致性。这就是一种以生为本、充满无限创造可能性的学习方式变革。

同样对我很有启发的是，在学校所处的南海区狮山镇，在镇教育发展中心梁刚慧主任的推动下，遵循"学研行"组织建设理念，把"读写共生"作为全镇十大教育工程之一，每年都会开展一系列的校园阅读、写作展示、交流活动。我对这一理念也深表认同，的确，要调动孩子阅读的积极性，就必须实现读与写的融合，以写促读，用输出倒逼输入。

正是有了这样天时、地利、人和的各种便利条件，学校开展"融阅读"也是水到渠成的事情，我期待的是，通过阅读理念的变革，在联和吴汉小学打造一个"处处可读，时时可读，人人可读"的舒适便捷、优美宜人的阅读氛围，既为师生们提供科学有效的阅读方法指导，也为他们提供丰富多元的阅读资源和友好适切的阅读介质。

未来，这样一个"融阅读"理念指引下的校园，将实现"空间之融、时间之融、主体之融、对象之融、介质之融"，成为一个多媒体环境下的数字阅读平台，一个开放、共生的学习社区。

我甚至有一个大胆的想象和揣测，这样的学习社区或许就是未来教育的一种形态，"融阅读"理念将会催生一个实施全新学习方式的未来学校。

这样的未来，或许并不遥远。

第二章　我所理解的"融阅读"

在广东，每年春节后开工，都有给员工送"利市"的传统。自从我任校长以来，每年也都会给学校教师们送"利市"。不一样的是，我送的是一份精神"利市"——每位教师一本书。

学校首先是一个读书的地方，作为教书的人，我们当然不能不读书。但实际情况是，教师群体的阅读状况令人担忧。为此，我一直倡导要建设"书香校园"，要求教师首先要读书。我每年都会选一本书送给他们，底线的要求就是教师每年起码要精读一本书。

到了联和吴汉小学，我的做法又稍有改变，不再强求同读一本书，但却提高了要求。新年开始的时候，我会列出一个书单，其中共有几百本书，让教师们任选一本，同时要求他们读后写出 3000 字的读书心得。交上来的读书心得，我们会严格通过搜索引擎查重，坚决杜绝抄袭，必须是教师的真实收获和真情实感。平时，我也有意识地关注教师们的朋友圈，看到有人分享读书收获，我会不吝点赞。虽然是举手之劳，但我相信他们会很在乎，也希望以此激励他们，读书以后要将书籍变成自己的收获并分享出去。

就这样，如今，全校教师写作的读书心得已经有四五十万字，成了一笔丰厚的精神财富。更重要的是，教师们的阅读习惯在慢慢养成，平时主动购书、读书、分享读书心得的教师也越来越多。这样的变化让我十分欣喜！我深知，没有一支热爱阅读的教师团队，我所设想的"融阅读"理念只会是一个漂亮的口号。

什么是"融阅读"呢？最简单的概括就是，让阅读融入教育。"融"是我很喜欢的一个字眼，也是我向往的一种教育的状态，就是像冰雪融化、像盐溶于水一样，润物无声地慢慢地弥漫、流淌、晕染。阅读就应该这样，它是我期待的学校教育的主题，以"融"的状态与方式，进入教育的每一个空间，联结教育中的每一个人，变成教育的实施方式，融通教育的每一个环节，最终融进每一个阅读者的素养。

第一节 "双减"之后融阅读的机会来了

国家的"双减"新政实施以后，家长们几乎成了全世界最焦虑的人，没有了各种补习班，家长们不知道孩子该干什么好，大把的时间总不能浪费，不让孩子学点什么总觉得心里不踏实。

其实在我看来，"双减"之后，首先要转变的是家长的教育观念。"双减"的目的不仅仅是禁止孩子补习或超前学习学科知识，增加学生学习负担的同时也增加家庭的经济负担。"双减"传递出的最重要的信号是，家长必须思考清楚，在孩子成长的黄金时期，究竟该学什么才是最有价值的？

我觉得，"双减"之后，孩子和家长都应该补上阅读这一课！阅读是孩子最应该培养的习惯，也是家长参与孩子教育，与孩子共同成长的最好的机会。在许多家庭里，经常能看到这样一幕，父母一天到晚手机不离手，追剧、看抖音、上淘宝、打游戏，忙得不亦乐乎，然后回头呵斥孩子："去，读书去！"父母是孩子的第一任老师，试想有这样的父母，怎么能培养出爱读书的孩子呢？父母自己天天沉迷于手机之中不能自拔，又怎能责怪孩子不爱读书、游戏上瘾？

一位作家深有感触地说："我去朋友家做客，经常会留意家中小朋友的书架。毫不夸张地说，从一个孩子的书架里，就能看出这个孩子将来能走多远。"这句话太有道理了，我们很多家庭里装修奢华、电器齐全，唯独缺的是书，孩子的书架上只有可怜的几本书，往往还只是教辅资料，那些浩如烟海的人类经典著作，几乎一本也找不到。

怎么改变这种状况呢？我想，学校有责任把家长调动起来，让他们和孩子一起读书，体验和孩子一起读书的快乐。我们把家长请进学校、请进课堂，展示亲子阅读的最美瞬间，请他们分享阅读的收获与感受。我们展开"书香家庭"的评比，还设计了家庭之间、家校之间的好书漂流活动，在学校和家庭营造浓郁的读书氛围。

但仅仅这样还不够！古人云，"读万卷书，行万里路"。这启示我们，一定要把读书和实践紧密联系起来。说到底，不要把读书变成一件枯燥的、乏味的事，一定要用鲜活的实践让家长亲近教育、亲近阅读，进而爱上读书。

在联和吴汉小学的校园外，有一片劳动实践基地，我们称之为"创生园"，我们把这片园地分给各个班级，每班一小块"责任田"，挂上班牌，教师和孩子们自己种植，自己打理，学校定期进行检查评比。我们也号召家长参与创生园的种植，和孩子一起劳动。

让我们感到惊喜的是，家长的劳动热情比孩子还高。每天早晚接送孩子，总会有家长自觉地走进班级的种植区，浇浇水、除除草。到了周末，他们也会带着孩子来义务劳动。看着自己班级的蔬菜长势良好，他们也感觉格外自豪。创生园成了家长们留恋的好去处。

小小一片种植园，融洽了家校关系，吸引着家长们放下手机参与到快乐的学校活动中。有了这样的情感沟通，我们又设想开辟更多的学习活动，让家长走进佛山的名胜古迹，追寻人文历史和悠久传统。

有一件事让我深受触动。一天看到朋友圈里一本介绍佛山历史文化的书，觉得很不错，就随手转发了。没想到，当即有一位朋友联系我说："你推荐的那本书太好了，佛山原来有这么多历史文化名人，朱九江、康有为、詹天佑、黄飞鸿……我也想让孩子读一读，你能不能帮我找一本。"当我想办法帮朋友找到那本书，看到他如获至宝的神情，我在高兴之余，不由得产生一个念头，何不让我们的孩子也读一读这本书呢？

于是，我们也订购了这套佛山历史文化丛书。我亲自给孩子们上了一节阅读课，以"城市文化与城市记忆"为主题，带领孩子们循着佛山的历史文化脉络，追寻佛山的经济、人物、中医药、粤剧、状元文化、古建筑、风俗、铸造……学生们惊喜地发现，原来自己生活的这片土地，历史文化如此多姿多彩，他们各自选取自己感兴趣的主题，在阅读中了解家乡，感受传统文化的熏陶，然后，我又进一步引申，让他们从历史、文化、艺术等多个角度，欣赏和感受家乡文化所独具的美感。

"我们佛山太了不起了，今年假期，我也要好好读读这本书，然后和家人一起去参观这些历史古迹。"记得上完这节阅读课，四年级学生陈晓明激动地说。学生们的反应也让我很受鼓舞，是啊，整个佛山有那么多历史文化名人、名胜古迹、文化习俗、民间传说、风土人情、传统美食……这些都是生动而有吸引力的教育资源，应该让家长和孩子一起去追寻，从亲近家乡文化开始，做一个有根的佛山人，激发他们的家国情怀。

说干就干，我们当即组织了一批教师，着手编辑一套佛山的历史文化读本，以此作为校本读物，引导家长和孩子在阅读中走进佛山的历史人文，也走近大自然，体验世间万象、人生百态。

这套校本读物的名字，我们也想好了，就叫《融读岭南》。

毫无疑问，让家长和老师、学生一起参与阅读，在读书中读自然、读社会，读出家乡之爱，读出亲情之美。这就是"融阅读"倡导的重要理念之一，也是我们想要创造的美好教育生态。

第二节　被阅读改变的课堂教学

2021年的年末，学校语文组在科组长官文慧的带领下，举行了一场教学研讨会，主题就是"让整书阅读教学真正地发生"。

整书阅读是语文科组在这学期开展的新探索。使用部编本教材后，语文教学对学生的阅读量提出了更高要求，在这种要求之下，如何将课内教学与课外阅读相结合，改变学生阅读碎片化的状况，让学生的课外阅读更系统呢？语文教师们在教学研讨中找到了整书阅读的办法。

经过初步尝试，教师们很快尝到了甜头。在研讨会上，杨小莉老师以《童年》一书的阅读为例，分享了她如何在班级里创设良好的阅读氛围，把孩子们带入整书阅读的方法，孩子们身上的变化让她感到十分欣喜。

雷慧芬老师说，自从尝试了整书阅读实验，她的教学手段更丰富了，在语文课堂上不再是教师唱主角，而是通过诵读法、概括法、讨论法的灵活运用，课堂教学变得有活力了。孙琪教授在课堂上尝试用多媒体手段，把学生整书阅读中的典型问题录成视频，在课堂里播放出来，有针对性地进行指导，这样的方式很受学生欢迎，课堂效果也大大改善。

通过整书阅读这一尝试，教师们掌握了更多的教学方法和手段，也在不断的创新尝试中改变了教学观念。当教师们遇到解决不了的问题，他们会主动想办法解决，把专家请进学校开讲座、上观摩课，或者通过网上研讨去向同行请教。

而这仅仅是在"融阅读"背景下，学校的课堂教学发生的一点小小的变化。

我一直主张，阅读不是学校强加给教师们的一项额外的任务，而是一定要和他们的教学工作、专业发展紧密结合，成为他们工作中不可或缺的一环，变成一件自然而然的事。我也观察过很多学校，对教师阅读不可谓不重视，有各种定期检查措施，但一味被动地、布置任务式地阅读，往往很难持久。

说到底，还是要让阅读融入教师的职业生活，学以致用有助于提升他们的工作质量和职业境界。

我想，这才是整书阅读这样的教学探讨给学校和教师们带来的最大价值。在这样的活动中，教师们通过创新尝试，把课内与课外融通起来，找到了改进教学的有效途径。它让教师们明白，语文教学不再仅仅是一篇篇的"豆腐块"文章，也不仅仅是字词句篇、中心思想、段落大意，而是所有知识之间的内在的逻辑和有机联系，它们共同构成了学生语文素养发展的完整序列。阅读，让教师们站在更高的视角去看待语文教学，慢慢地培养起他们的"大教学观"。

像语文科组一样，如今在联和吴汉小学，越来越多的教学改革实验走进校园。朱永新教授的"新教育"实验，不仅给我们带来了阅读理念和阅读方法的指导，使我们结识了许多阅读教学名家，而且为我们提供了丰富的课外阅读资源以及各种阅读教育活动。正如"新教育"实验所倡导的一句理念，让教师们"站在大师的肩膀上前行"。

我们还参加了中国未来学校大会组织的思维发展型课堂教学设计活动。几位实验教师组队参加这次活动，通过完成教学任务设计、线下集训，接受导师指导，最终以优异表现成为这次活动的"未来种子教师"，在课堂变革中实现着课堂的"蝶变"。

就在这个学期，我们又引入了北京师范大学儿童教育专家发起的"普乐课堂"创新实验，这是一项旨在将创新能力融入学科教学的实验探索。

最让我感兴趣的就是，这项实验是以融合课程的方式，通过游戏、体验、互动来激发学生学习的热情与灵感，在儿童化的学习场景中让学生体验学习的快乐，得到思维的发展。经过一段时间的实验探索，我们各个学科的课堂教学都变得生机勃勃。

这些都是阅读给课堂教学带来的显性或隐性的变化。一方面，阅读成为教师们改变课堂的工具或方法支撑，让教师们有了研究的意识与能力，另一方面，阅读也开阔着教师们的视野，让他们从平淡烦琐的教学生活中超脱出来，让他们从高处审视自我，积极地拥抱变化。

就在 2021 年年底，在我们学校所在的狮山镇，一项以"学研行"组织建设为主旨的省级科研课题结题，我们作为实验校之一可谓是收获颇丰，一批教师在课题成果评审中获奖，我本人牵头的学校子课题也被评为一等奖。

在这丰硕的成果背后，最重要的收获无疑就是，阅读正慢慢融入学校的教育生活，在学习、研究、行动的教育工作闭环中，发挥着越来越积极的推动作用。

第三节　以"输出"倒逼"输入"

张文质是我非常喜欢的教育学者，我不仅非常欣赏他的犀利与睿智，而且十分赞成他的教育主张。近年来，张文质一直在推广教师写作，帮助教师破除写作恐惧，找到写作的起点。我也身体力行，参加了他在广东东莞组织的"教师写作训练营"。

还记得，训练营除了教授大家写作的方法，还有一项小作业，就是要求每个学员每天至少写作 500 字以上的文章，主题、体裁和风格都没有限制，目的就是让大家养成"把思考化为写作，以写作促进教学反思"的好习惯。

这样的教育写作理念，让我深感受益，也使我从中养成了记录教育生活的意识，平时有所思有所得都及时写下来。

自从推行"融阅读"以来，除了为师生们创设更好的阅读环境，提供更丰富的阅读资源，我尤为注重的一点，就是创设更多活动载体和展示平台，促进师生们把读书的收获转化为各种各样的学习成果。

比如，我们以写字识字为抓手，让学生们了解汉字背后的文化，体验中国书法之美，在端端正正写字的同时，学会踏踏实实做人，进而引导学生"读好中国书，写好中国字"，把经典诵读与书法教学有机结合起来。目前，我们的这一实践探索已经立项成为省教育学会课题。

作为阅读的另一个重要展示途径，我们倡导教师和学生要多写多练，输出他们的阅读成果，写下自己的教育故事。"以输出倒逼输入"，是天才物理学家、诺贝尔奖获得者费曼教授发明的一套独特的学习方法。在他看来，输出是最强大的学习力，要想把复杂的知识简单化，真正学懂学透，就要把知识输入变成思维输出。

深受这一观点启发，我鼓励师生们要学会写作、爱上写作，既要写自己的读书收获，也要写自己的学习生活、教育故事，把写作当成一种与阅读同样重要的学习习惯。

为了鼓励教师们多写，我们用好学校的微信公众号，把它当成展示教师们写作成果的一个平台。学校里的每一项活动、教师们的课例设计、学校里的大情小事，我们都让教师及时地写下来，通过微信公众号分享和传播出去，可以是图文并茂的介绍，也可以是一段微视频。

到了期末，除了举行常规的工作总结之外，我们还为教师们创设特别的展示形式，让教师们讲述他们的教育故事，展示他们的育人风采。全校班主任以年级为单位登台演讲，分享他们在班级工作中的创新经验与典型案例：如何创设良好的班级氛围？如何让学生们事事有人做？如何用好表扬与惩戒的艺术？如何发挥家校的育人合理？教师们分享完毕，德育干部进行总结点评，在研讨和碰撞中让智慧创生。

我想，这些做法的意义不仅是"以输出倒逼输入"，更重要的是，建立阅读与学校每一项工作之间的内在联系，让阅读变成一种自然的需求，让教师们形成一种鲜明的意识，要想优化自己的教育教学方式，都要学会从阅读中汲取智慧，以读促写，以读促行。

正是基于这样的理念，学校开设了一门深受学生和家长喜爱的校本特色课程——"二十四节气"。教师们把每一个节气都变成一次别开生面的综合实践活动课，师生们一起阅读节气故事，学习与节气有关的诗词和谚语，了解节气的由来、每个节气的物候特征、不同地区的节气活动和习俗，也在互动体验中制作、品尝与节气相关的传统美食。

一位专家说过，"让孩子爱上阅读，可以有 100 种方法。办法总比困难多，但关键是激发阅读兴趣"。毫无疑问，最好的培养阅读兴趣的办法，就是让阅读融入学校教育的每一个时空，融入教育的各种活动形式，让它像空气、阳光、水分一样，难以觉察，但又不可或缺。

也因此，这两年来，教师们最大的一个变化，就是不再觉得写作是一件令人犯难的事。过去，面对各级各类的教育论文征集评选，教师们都无从下手，消极应付。但现在，每次有这样的论文评比活动，他们都热情高涨，积极参与。镇教育发展中心的教研员曾跟我"吐槽"：每次论文征集，你们学校的参评数量都很多，而且论文质量也很高。好文章太多，让我们评选起来也很"头痛"啊！

听到这样"另类"的褒奖，我也不禁为教师们专业发展的良好势头而深感自豪。

第四节　让阅读适合学生

2021年12月的一天，佛山日报社的一条新闻，一下子让联和吴汉小学在当地上了"头条"。

事情是这样的，当天，佛山日报社记者以《燃爆课间！联和吴汉小学课间操还可以这么跳》为题，在报社APP上发了一条融媒体报道。没想到，这篇报道居然冲进了当天的新闻热搜，最终有5万多点击量，600多人看后点赞。

这条新闻之所以有这么高的人气，一个关键原因就是记者配发了我校学生跳课间操的短视频。这套被称作"能量唤醒操"的课间操，是由我校师生自己创编的。活泼的动作，灵动的节奏，配上时下最流行的一曲《少年》，被称赞"又美又飒"，成了校园里的一道独特的风景。

但我提及这件事，重点不是要说课间操的创新，而是想从另一个角度说一说我们对"融阅读"的独特理解。

佛山日报这条新闻之所以"火爆"，与配发的这段短视频关系太大了。视频里魔性的音乐、孩子们动感十足的身姿的确非常有感染力，让看过的人印象深刻。

近年来，短视频已经成为一种传播力惊人的信息媒介，它往往以生动直观的画面、简短而精辟的解说而得以迅速传播，浏览量短时间内呈几何级数倍增，影响力可谓巨大。

在这样一个数字化时代，媒体手段越来越发达，信息传播的途径也越来越多元，这意味着，人们接受知识、认识世界的方式也在迅速改变。在这样的背景下，传统媒体纷纷转型，一致把发展融媒体当成适应未来社会的传媒新形式。

为此，我们设想的"融阅读"，不再是让孩子仅仅阅读纸质书，而是包含着多种阅读介质，包括文字、图片、视频、音频、多媒体等多种形式。运用多种媒体手段，让孩子在听、说、看、触等多感官刺激中接受知识信息，正是数字化时代的"大阅读"。

我们常说，现在的孩子是数字化时代的"原住民"。的确如此，现在的孩子从小就是在电视、游戏机、手机、电脑、平板等数字设备的环境下长大的，这样的多媒体环境塑造着他们接受信息的方式，也影响着他们认识世界的方式和人际交往的方式。

因此，面对当前电子游戏和手机对孩子的不良影响，我们也不必太杞人忧天，最明智的态度就是像大禹治水一样，以"堵不如疏"的方式，在适应他们的认知习惯的同时，进行合理疏导。

在联和吴汉小学，我们不仅有微信公众号，还申请了视频号，定期发布学校剪辑制作的短视频，内容有我们的读书活动、课间操、课堂教学、家校活动等。许多短视频在家长之间和社会上迅速热播，赢得各方点赞。

当然，更不用说，这些短视频成了我们进行"融阅读"的素材，是教育学生的最好途径。我们的"爆款"能量唤醒操的短视频就是最先在学生群体中广为传播，极大地激发了学生课间锻炼的热情，许多学生看后还觉得不过瘾，又加入他们自己的创造，改编成了具有班级特色的"升级版"能量唤醒操。

因为确立了这样的"融阅读"理念，如今在我们学校，既有少年讲书人、经典诵读、"最强大脑"这些阅读展示平台，也有微电影、微视频、阅读研学等新的阅读介质和活动载体；虽然有整书阅读、名著赏析等系统化、精细阅读方式，但也不排斥碎片化、快餐式、娱乐性的阅读。这两者都有存在的价值。

古人云，"开卷有益"。通过阅读殿堂的道路有无数条，只要愿意去尝试，最终总能抵达。我尤为喜欢学校视频号最近编辑的一段题为"阅读与自由"的短视频：在舒缓的背景音乐下，一幅幅特写照片展示的是各色的人们在专注阅读的情形，有耄耋的老人，有天真的儿童；有劳动间隙的农人，有路边小憩的行者；有昏黄灯光下的少年，有身患残疾的中年人……在生命的每一阶段，不管身处什么环境，他们流露出的对阅读的热爱，是如此动人，如此美好。

阅读，本来就应该是这样自由的事情。

第五节　融阅读是一种慢教育

可以说，我之所以对"融阅读"怀着如此热切的期盼，是因为在关于阅读的认识中，寄托着我对教育的全部理解，也与我个人过往的教育经历有很大关系。

在来到小学任校长前，我曾长期在中学任教，也担任过高中主抓教学的级长。在初中时，我一度一人既管教学又忙德育。那几年，在我的勉力支撑下，学校的教学成绩一直往上走，中考成绩一年比一年好。但老实说，我工作得很不快乐，一直处在巨大的压力和焦虑之下。

我任教的那所高中，地处乡镇，每年的生源都是全区六七千名以后的学生，基础差，习惯也不好。面对这样的学生，教师们的积极性可想而知。很多时候，我对这些学生充满了深深的同情，他们中的许多人并非不想上进，可是在激烈的分数竞争中，他们过早地掉了队，现在想努力却为时有点晚，家长和教师也对他们失去了信心。他们以被淘汰者的身份进入高中，三年后绝大多数又要早早进入社会。面对这样的学生，常常让人感到一种教育的无力感。

怎么才能改变这些学生的命运呢？如果只是比拼成绩，他们跟别人的差距只会越拉越大，我审时度势，想到了一个办法：这些孩子靠文化课成绩是很难考上大学的，但可以走艺术高考的道路啊，许多学生本来就有美术或音乐方面的爱好，这或许是他们的"比较优势"。

就这样，我们在高中开设了美术班、音乐班，请专业的艺术教师给他们加强这方面的培训。学生也很有积极性，全年级一多半的学生都报名了。结果，仅仅一年，我们就"一炮走红"，当年有 46 个学生考进了艺术类一本院校，这简直是破天荒的事情，一下子引起了全区轰动。第二年、第三年，我们考入艺术类院校的学生逐年增多，学生的升学率也逐渐提高，原本在文化课上成绩平平的孩子也有机会升入理想中的院校。

即便如此，让我感到焦虑的是，在初中的那几年我们的生源素质并没有得到改观，反而随着高中扩招，生源一年比一年差，学生的两极分化也越来越严重。这使我深刻意识到，要教育好一个孩子，不是仅仅靠三年初中生活就能真正见效的。许多学生学习和行为上的问题，可能在小学阶段就已经出现了，但长期得不到解决，错过了教育的关键期。到了高中，仅凭"突击式"的恶补，终究不是权宜之计。

在中学工作的时间越长，我在心里越是有一个强烈的愿望，我想到小学去，想从孩子们成长的基础阶段入手，着眼于他们的长远发展，教给他们未来更需要的方法，提高他们的能力和素养。

正是因为这样，我义无反顾地来到了小学。我是真心觉得，小学是孩子发展更重要的阶段，是"蒙以养正"的黄金期，我想在这个阶段给他们良好的启蒙，办出不一样的小学教育。由此就不难理解，当我找到阅读这条最适合的路径时，内心那种无法言喻的欣喜若狂、欢欣鼓舞，就像突然有一道光照亮了我的世界，一下子看到了前进的方向。

这同时也使得我理解了阅读不是一种具体的教学方法或特色项目，不是一条短时间改变学校、换来优异教学成绩的"捷径"，而是一种整体上变革学校的系统工程，是从原点上改变教育的"慢工细活"。

具体来说，我希望在"融阅读"的理念下，打造以"交融、融汇、和融、圆融"为特色的"处处可读，时时可读，人人可读"的学习环境，提供丰富多元的阅读资源、友好适切的阅读界面和科学有效的阅读方法指导，开发数字化阅读平台和网络阅读社区，倡导快乐阅读、自主阅读、多元阅读，最终实现"空间之融、时间之融、主体之融、对象之融、介质之融"。

所谓"交融"，就是在孩子与书籍的接触阶段，着重于兴趣引导，让阅读与儿童的成长规律融合、与儿童个性融合、与课程教材融合，实现个人阅读习惯和阅读规律的融合。

所谓"融汇"，就是在阅读习惯的培养和巩固阶段，通过适合儿童的广泛阅读，实现阅读方式的整合、阅读技法的融合、阅读学科的融合以及人与环境、历史文化、自然万物的融合。

所谓"和融"，就是在阅读和个性、兴趣爱好的引导阶段，从学生感兴趣的内容入手，在阅读中有意识地融入世界知识文化体系，实现学生成长规划与个人兴趣的融合、阅读与学校教育教学的融合、学科教育与创造力的融合。

所谓"圆融"，就是在学生阅读与自我成长之间建立平衡，有意识地帮助他们规划阅读方向，建立自己的知识体系，为未来的成长打下坚实的知识基础。

阅读绝不是一件小事，也不是一件可有可无的事，面对当下教育中阅读与学习脱节、与生活脱节、与成长脱节、与体验脱节等诸多问题与困境，"融阅读"的提出，实际上是倡导一种新的教育教学观，它相信"生活即教育"，并以泛在学习和终身学习理念为理论基础，在新的学习方式下，培养学生好奇心、创新力、思辨能力及适应未来的能力。

由此说来，阅读，或者说我们畅想的"融阅读"，不是教育的一个方面或一部分，它就是教育的一种形态，是未来学习的一种新样态。"融阅读"教学观以"生活即教育"、泛在学习和终身学习理念为理论基础。它强调阅读教学的整体感悟，突出学生的文化基因积淀，注重语文教育的人文熏陶。

"融阅读"，即通过链接、整合与感悟三要素，构建起开放式融合阅读体系。"融阅读"教学的实践价值主要体现在以下几方面：注重体验，丰厚学生价值观，形成正确的人生观；有助于学生人文情怀的养成；有助于学生自主学习习惯的培养；有助于学生信息素养的提高；有助于增强学生好奇心、创新力、思辨能力及适应未来的能力。"融阅读"可以链接学科，链接自然，链接社会，链接社区，让学生学会主动学习，适应未来。

第六节　融阅读的基本要素

《教育部关于全面深化课程改革落实立德树人根本任务的意见》指出，要统筹各学科，特别是德育、语文、历史、体育、艺术等学科。充分发挥人文学科的独特育人优势，进一步提升数学、科学、技术等课程的育人价值。同时加强学科间的相互配合，发挥综合育人功能，不断提高学生综合运用知识解决实际问题的能力。所以，"融阅读"围绕以下几点要素展开。

一、链接：链接学科、家庭、社区、自然

阅读是人的一种生命活动、精神活动，是人的一种生存状态。在常规的教学工作与家庭育儿思维中，阅读更像是语文学习中的一环。然而对阅读的消化更需要人生体验的参与，因此阅读不应该只局限于小小的语文课堂天地，而应该呈现出开放性的特征和终身化的价值追求，应把作为学习形式的阅读变成人的生活方式，把生活中作为生命活动的阅读与语文教学中的阅读活动合二为一。要达到开放性效果，就必须链接。链接是空间的链接，我们需提供可随处阅读的空间条件，让阅读走出课堂；链接也是对象的链接，我们要让全社会都成为阅读的主体，孩子要阅读，家长、教师更要阅读。

二、整合：平台、课程、活动

就像编织蛛网，当阅读链接起空间、对象甚至时间，在方式上我们需进行整合，以达到阅读行为繁而不乱的效果。随着科技的发展，社会的进步，知识容量迅猛提增，知识内容不断翻新，阅读不再是单一的内容面，也不再局限于书本这一载体。

5G 时代来临，经历了主机时代、4G 手机时代，我们不得不承认在未来的生活中，以多媒体为代表的网络平台将是信息传达与人们交流的主流，这需要我们因地制宜，将阅读与网络平台整合起来，将孩子们喜爱的、着迷的抖音等软件与阅读活动进行融合。网络平台像一把刀，它无善恶，用来伤人还是用作工具全然靠教育工作者们的引导。

阅读也需打破仅服务于语文教学的固有印象，它需要整合全课程。融合式教学经过北京、上海及长三角等教育资源丰厚城市十余年的实践，正逐步成为中国学校的重要教学方式。它打破学科的界限，采用 STEAM 等教学法组织起学生，以"理解问题、分析问题、解决问题"为目的进行学习。阅读也需渗透融合式教学，阅读分析与思维扩散可运用到任一课程上，并将课程内容进行整合，使知识点辐射至人文、科学、自然等多学科上。

三、感悟：体验、分析、思维

　　经过空间与对象的链接、内容与方式的整合，获取的信息最终归结到阅读主体即阅读者身上。基础教育课程改革要求学生从被动接受性学习转变为主动的探究性学习，以适应未来社会和个人发展的需要，"融阅读"锻炼阅读者的思维分析与体验感悟能力，而这些正是进行探究行为的能力基础。从对多空间、多对象的信息获取中，阅读者需要将信息点进行整理，分析其中的逻辑关系与动态关系；从对多方式、多内容的体验中，阅读者需运用起生活经验对其进行感悟与主观判断。"融阅读"的过程不再是追求单一答案的过程，而是注重知识获取、技能拓展、生活体验、情感体验的过程。

　　它在改变我们传统的学校教育的同时，也将会创生出适应未来社会的教育样态。

　　当然，这样的教育，或许不会很快见效，本质上是一种慢教育，是"前人种树，后人乘凉"的教育，但它的成效也一定会更长远、更持久，会像灯塔一样，成为孩子们人生路上的"生命之光、道德之光、智慧之光、人性之光"。

第三章　融阅读是未来学习新样态

2019 年 6 月 23 日，为深入贯彻党的十九大精神和全国教育大会部署，中共中央国务院发布了《关于深化教育教学改革全面提高义务教育质量的意见》。《意见》围绕培养时代新人、发展素质教育、提高教学质量、建设师资队伍、深化关键领域改革、加强组织领导这六个方面，共提出了 26 条意见。

《意见》明确了要发展素质教育，培养德智体美劳全面发展的社会主义建设者和接班人，并在基本要求中提到要树立科学的教育质量观，深化改革，构建德智体美劳全面培养的教育体系，健全立德树人落实机制，着力在坚定理想信念、厚植爱国主义情怀、加强品德修养、增长知识见识、培养奋斗精神、增强综合素质上下功夫。坚持德育为先，教育引导学生爱党爱国爱人民爱社会主义；坚持全面发展，为学生终身发展奠基；坚持面向全体，办好每所学校，教好每名学生；坚持知行合一，让学生成为生活和学习的主人。

为深入贯彻义务教育改革，提高义务教育质量，针对近年来学生学业负担过重的情况，中共中央办公厅、国务院办公厅在 2021 年 7 月 24 日印发了《关于进一步减轻义务教育阶段学生作业负担和校外培训负担的意见》。"双减政策"的出台进一步印证了国家在教育改革上的决心，以及对立德树人、发展素质教育的坚持。政策出台后学校和家长纷纷响应，大家渐渐意识到应该更注重学生的全面发展，而不能唯分数论，不能用过重的学业负担禁锢孩子的自由发展。

阅读只有在作为一种习惯被有意培养的时候，才能起到相应的作用。没有人只读一段话就能看懂一本书，只读一本书也不足以了解任何一个学科或主题。如果只有零星的阅读，就没有办法把知识和理念连接在一起，进行系统化。如果不能系统化知识，其实也不利于知识的记忆和使用。

而只有把阅读当成习惯，才有可能无论是知识量、深度还是知识的新鲜度都远大于不读书的人。不读书的人对于很多知识压根就无法了解到，或者了解得很表面。对他们来说，知识还仅仅是知识，或者说只是文字，还没有形成"力量"。一旦形成"力量"，其中间的差距就显现出来了。如果不读书，没有知识储备，后续的学习、工作和生活中的"力量"也就会出现后劲不足的状况。

不光是知识的积累可以来自于阅读，不同的思维方式也可以通过阅读获得。经常读书的人，在思考问题的时候有广度也有深度，更容易透过现象看本质，恰到好处地解决问题；而大多数不读书的人，看到的都是表面的、肤浅的问题，解决问题也只能从表面简单粗暴地去处理。因为面对一个问题，你所能做的就是从你已知的"知识库"中寻求答案。比如一个高数问题，你用你已知的中学数学知识来解答，能解答出来的概率是很小的；再比如某个社会问题，如果只从自身的角度出发，是不太可能了解整个情况的。因为社会问题往往涉及各方利益，需要平衡考虑，也可能有一定的历史原因。无论怎样，都很难只从片面去真正理解。而解除这种可能的片面的观点最好的办法就是通过阅读尝试去扩展自己的知识库，去获得来自不同方面的信息。

通过阅读了解来自不同方面的信息还有另外一个很重要的好处，就是能够让学生在成长过程中培养独立思考的能力。如果一个人面对一个事件，只有片面信息的话，他并不能完整理解整个事件，那他对于这个事件的判断，往往就会来自于他人。目前充斥在网络上的各种良莠不齐的"意见领袖"、大V或者某些商家，通过不同形式的诱导和煽动，很容易让没有独立思考能力的人信服，而丧失了自主思考和判断的能力，做出一些傻气甚至危害他人的事情。所以，鼓励学生经常读书，这样他们在思考和处理问题的时候，才能更加独立和理性，反之则比较从众和感性。

从更高层次的精神方面来讲，人是一种不但追求物质，更会追求精神并从精神上获得愉悦的动物。追求精神世界富饶，或者说修炼的重要方式和重要渠道，便是阅读。阅读带给学生的是精神上的富足和强大，而这样的人是不畏惧现实，不惧怕眼前的困难的。精神上富有的人不会轻易抱怨现实，而不畏惧和不抱怨的心理是取得成功、收获幸福最大的依仗。因为在书籍中，你会看到形形色色的人、各种各样的人生。从文字中窥探别人的人生、别人的遭遇，学习别人的解决方法，就好像自己也经历了那样的事、那样的生活。这一个个鲜活有趣的灵魂，正是富足你精神世界的沃土。

最后就是，经常读书的人，其包容性是更大的，因为他的学识、眼界、思想不会局限在一个点上。他更容易从容地面对一件或好或坏的事，接受一个不一样的观点，和各阶层的人们融洽相处，能接受热闹也能享受孤独，拥有一颗平常心。他们会更客观地去思考一件事，并找出最好的解决办法。客观听起来很简单，但想要做到客观却是很难的，比如与自身（也包括与亲朋好友）利益相关的时候、带有情绪的时候，客观自然而然、不经意地就倾斜了。经常读书的人，懂得这种"主观和自私"，会刻意让自己抽身出来，站在一个客观的角度去审视问题。人一生的时间是有限的，而会面临的问题却是无限的、层出不穷的，解决问题除了靠能力，还需要有一颗能包容的心。

第一节 适应于未来的学习样态

在当今快节奏的社会中，留给人们读书的时间越来越少了。无论是学生还是走向社会的成年人，每个人的时间被碎片化。而阅读相对来说需要完整的时间，需要静下心来。《华盛顿邮报》发布在几年前的一份调查报告显示，就美国来说，每年阅读文学作品——任何小说、短篇小说、诗歌或戏剧（特指非工作需要的阅读）的美国成年人的比例降至 30 年来的最低水平。

在 2015 年，43% 的成年人在一年内至少阅读了一部文学作品。这是自 NEA 调查于 1982 年开始持续跟踪调查阅读水平以来的最低百分比，而当时的成年人在一年之内起码阅读一本书的概率为 57%。该报告同时指出了文学阅读量下降的其他一些可能诱因。与 30 年前相比，今天有更多的产品和平台在抢夺人们的注意力——首先是各种平台上的游戏。以前玩游戏需要在电脑上，而现在在手机和其他游戏设备上都可以玩。除了不同的平台，游戏的质量、价格和选择种类都发生了质的变化。换句话来说，只要想玩，就有玩不完的游戏。电影跟游戏一样也有了质的变化。30 年前，只有在电影院才能看到电影，而现在在任何地方都可以看到。除了电影和电视节目，短视频也是新兴的一个产业。很多人会把时间投入到制作短视频当中，而更多的人会在自己碎片化的时间中靠这些内容去放松。这些都是技术发展对阅读的影响。

这是否表示读书的习惯已经慢慢过时了呢？其实不是。沃伦·巴菲特就说过自己最近几年还保持着阅读的习惯。而且他的阅读量相当大，能够达到平均每天阅读 500 页，也就是一本多书。他在接受采访的时候说道："每天读 500 页。知识就是这样运作的。它积累起来，就像复利一样，会快速增长。其实所有人都可以做到，但我保证你们中没有多少人会尝试去做到。"他是怎么做的？因为对于他来说，阅读是一天中最重要的事情。他仍然将一天中大约 80% 的时间用于阅读。

所以，巴菲特的银行余额与他的阅读习惯一样强大，这并非巧合。

不光是巴菲特，比尔·盖茨、马斯克等人也都保持着异于常人的阅读习惯。比尔·盖茨每年至少阅读50本书，也就是一周一本。而马斯克自己有关火箭和航天方面的知识，也是他从别人那里借来的书中学到的。

在采访了这些人之后，有人总结他们的阅读习惯和方法，发现了一些适合我们帮助学生培养阅读习惯的方法，这也是融阅读所倡导的阅读学习新样态。

一、空间之融

第一个就是要鼓励孩子常去图书馆。去图书馆有三个不可替代的好处：首先就是省钱。我国大部分城市的公共图书馆基本不需要任何费用就可以借书。对于真正的阅读爱好者，如果每本书都要出钱购买，这也是一笔不小的费用。其次，图书馆中不同种类的书非常适合扩展孩子的阅读兴趣。很多时候无论作为家长还是作为学生自己，都不知道自己应该或者说喜欢阅读什么类别的书。如果只看某一种类的书，就无法做到拓宽知识面，也比较容易厌烦。而图书馆中经过细致分类的不同主题和科目，都是非常适合孩子拓宽知识面的。最后，图书馆是培养阅读习惯的最好的地方，因为来图书馆的所有人都是喜欢阅读的人，孩子耳濡目染，更容易养成良好的阅读习惯，孩子会感受到阅读的魅力，也会意识到阅读是生活中重要的一部分。尤其是现在很多图书馆会有儿童分馆，儿童馆的设计更得孩子的喜爱，能让孩子沉浸在阅读的世界里。

图书馆中的书也都是经过筛选，或者说精挑细选的。虽然目前各种媒体都会有不同的图书推荐榜单，但一个榜单中的书往往有限，而且这种榜单一般以年度为单位，所以推荐的基本都是新书。而图书馆中的藏书就没有这样的问题，相对来说不但很新，而且很全。

孩子正处于生命中最好奇、最有活力的时候，阅读应该适应孩子的天性，打破空间的界限，引领孩子去进行更多的探索和感受。融阅读的空间之融，是推倒了"围墙"的阅读，它鼓励孩子们迈出书斋，除了在教室里、图书馆里阅读，还可以在文化馆、天文馆、艺术馆、科学展馆里阅读，还可以在人文、自然景点里阅读，甚至在企业、农场、科研单位里阅读。简而言之，广阔的天地都是孩子阅读的地方，阅读的内容也不单是装订好的书籍，不管是虚拟的还是真实的，在任何空间里的任何文、图、物、景，都是可读的、可学的。

融阅读让孩子们把书本带到校园之外去读。这其实是转换了书籍在孩子生活中的角色，书籍从权威而严肃的"老师"，变成了陪伴左右的"伙伴"，就像是随身携带的水杯一样。著名的教育专家温儒敏说："阅读如呼吸。"阅读如呼吸一样是生命所需，也是自然而然的，所以阅读不应该有空间的界限。

孩子可以在图书馆的桌椅上读，可以在微风拂面的湖边阅读，也可以在周末野餐的草坪上读，阅读可以融进孩子生活的每个空间，并成为像呼吸一样自然的生活习惯。

融阅读让孩子们读各种空间所展现的"书"。公园景点里的石碑碑文可以读；植物园里的植物卡片可以读；博物馆里的历史文物可以读；各种适合的 APP 内容可读；各种音影像可以读。在学校以外的无限大的空间里，可以阅读的材料是无限多的，也是丰富多样的。最重要的是，在空间中阅读的时候，孩子不单会运用大脑去思考，还会用身体去感受，能用眼睛看到一砖一瓦、一草一木，能用脚去丈量土地，能用耳朵听到周围的声音，还能用手去触碰，获得最直接的、最鲜活的感触。当孩子沉浸在真实的环境中时，所获得的情绪的感染和文化的熏陶是任何书面的文字都无法替代的。

令我们感到遗憾的是，现在许多孩子的闲暇时间大多是躺在家里刷短视频，家长教师们缺少带领孩子们到室外去的意识，没有好好地看过了解过自己成长的城市、村落有什么，因此错过了许多宝贵的阅读材料。不必去多远的地方，在孩子的日常生活环境里就有很多可以阅读的内容，比如去逛一个古镇，能读到上百年前人们的生活；去看一座有特色的园林，能读到民族的艺术；去看名人的纪念堂，能读到一个伟人的一生。只要教育者留心，就能发现处处都是可以阅读的场所：亭台楼阁可以读；参天大树可以读；高楼大厦可以读。这些文化、艺术和精神，都是使孩子的内心更加丰富的材料，是能滋养他们生命的营养。

打破空间界限的阅读，也是对孩子实践和应用能力的锻炼，从如何读一个公交站牌，到如何读一座古庙，都是孩子可以学习的东西。

融阅读让孩子们把阅读体验和生命体验结合在一起。文字阅读促进对环境的理解，生活体验又反过来促进对文字内容的理解。两者互相交融，并推动认知能力的螺旋上升。

融阅读让孩子们不被空间限制，让阅读成为像呼吸一样自然的存在，并从多个层面提高孩子的能力。我相信，孩子在各种空间里去阅读和学习，那些文化和精神才能真正走进孩子的心里。

二、时间之融

第二个适合孩子养成的阅读习惯，叫作定时阅读。所谓定时阅读，不是要每天固定一个时间去读书，因为这在现今的快节奏社会中很难做到，而是要让每一次碎片化的阅读有时间上量化的体验。无论是用手机还是闹钟，也无论是 30 分钟还是 3 个小时，一旦设定好一个时间，在这个时间段内就鼓励自己全身心地投入书中，专注且不受打扰。从心理学的角度来说，这是一种提高效率和生产力的有效方式。孩子一旦习惯于专注，不但阅读效率会提高，就连课堂上的学习注意力也会有大幅度提升。

传统观念中的阅读是比较规矩的，认为正襟危坐、专心致志才是阅读的时刻。而融阅读是整合了大量碎片时间的阅读，是随时随地的阅读。既可以聚精会神，也可以随性浏览；既可以废寝忘食、秉烛夜读，也可以茶余饭后、片刻偷闲，甚至在等车、排队时也可阅读。

孩子可以在大块儿的时间里专注地阅读，这种阅读可以锻炼孩子的专注能力。但我们也要重视那些灵活的碎片时间，比如路途上，比如等待的时候。只要根据实际情况选择合适的阅读内容和媒介，孩子就能获得更多的阅读锻炼。

比如在高铁动车上，孩子一般会玩手机或者睡觉。这种时候家长可以拿出一本轻松易读的书，陪孩子一起阅读。这样和阅读的"空间之融"一样，也可以让孩子意识到阅读是一件随意的事，是生活中必备而常见的伙伴，久而久之，终身阅读的种子就被埋下了。

在各种碎片时间里，有时候不必阅读整本的书，在等待时，办事单位报刊架上的宣传画册可以随手拿来读，或许孩子能从中学到不少新名词；在买单后小票上的文字可以读一读，孩子又会知道原来商品的量词是这么使用的；邻居家的对联也可以读一读，不仅能学会新字词，还能学认不同的书体，感受书法艺术的魅力。

对于孩子来说，很多大人习以为常的事物都是新鲜有趣的，家长和老师一定要多利用这份好奇心，引导孩子时时刻刻去阅读周围的世界。培养时刻阅读的习惯，也激发了孩子的求知欲，让孩子保持敏锐的洞察力，热爱生活，这不单是一种阅读的方式，更是一种生活的态度。

三、主体之融

第三个有关阅读好的习惯就是与人共读，有交流互动、有伙伴陪同的阅读模式会让阅读更有趣味，更有坚持性。

传统模式的阅读，一般是单个的人自己读，互相之间缺乏交流，而融阅读主张的是交互式的阅读。阅读的主体不仅仅是单个的人，而是拥有"圈子"的人。在阅读的过程中，孩子可以和同伴、师长共读、共享。

主张主体之融有两层重要的意义，第一层意义是，以"圈子"的形式去阅读能提高孩子阅读的积极性。例如，读书会，同伴之间会互相督促读书，和小伙伴一起读书也更有趣，而且一群人能形成氛围和文化，当孩子在这样的集体中浸染久了，不提醒也能自觉地沉浸到阅读当中了。

第二层意义是，在"圈子"里阅读能加强对阅读材料的理解。融阅读强调阅读的分享，也就是阅读之后输出的分享，孩子不再是"躲进小楼成一统"，而是吸收百家之长，了解别人的阅读方法和阅读感受。在互联网时代，阅读的介质也在融合，孩子能在互联网的社区中共读和分享，他们能通过互联网触达到世界各地的智慧。而且阅读的分享，分享的多是阅读的感受和体会，它需要思考和表达，孩子在阅读完之后再进行输出，这无疑又是一种阅读能力的锻炼。

需要注意的是，主体之融并不是在形式上让孩子聚在一起阅读就够了。主体之融需要主体之间在形成链接的基础上，互相之间有所交流。最简单的形式有我们常见的大人给小孩讲故事，孩子之间组成读书会交流阅读感受，也有更加有趣的，如对阅读的内容进行加工，进行辩论、设计、表演等。

因此，即使孩子能从自己阅读中获得快乐和满足，也可以为他们设置形式多样的阅读活动，组成阅读的圈子，让孩子在这种人与人之间的交互中，读得更多、更深。

四、对象之融

第四个阅读习惯是要善于进行跨界阅读。融阅读主张阅读对象之融，也就是说阅读对象是跨界的，超越常规边界的，如一些交叉学科以及诸如 STEAM 的教学内容。

传统的阅读对象，由于近现代知识体系的约束，通常有确定的边界。每本书在图书馆目录上都会有一个确定的分类位置，文学就是文学，物理学就是物理学。但是我们所处的现实世界并不是按照学科来严格分类的。例如，制作出一个冰激凌，既包含了物理学，又包含了化学，还包含了经济学，甚至是美学。

传统的系统分类的书籍方便生成、传播和管理，但是它容易让孩子的思维固化，不利于创新思维的培养。融阅读主张阅读对象之融，正是希望孩子能在学科的融合中开阔眼界，以灵活而立体的视角看待这个世界，能用大胆的探险家的精神去学习。

从阅读的材料上看，要做到对象之融更多是依赖作者、出版社的努力，但是教师和家长能不能做点什么呢？当然可以。有的教师研发出跨学科阅读的活动，在阅读文学书籍的时候去发掘书里的数学、历史知识。有的教师研发出跨学科的课程，教师之间进行教研合作，在一节课里融合了语文、历史和生物的知识。只要各科教师通力合作，细心研读阅读材料，发掘学科之间的联结点，会发现融阅读并不难。

跨学科的阅读不是从书本出发去阅读，而是以问题为导向去选择阅读的内容。家长是最熟悉孩子的人，可以从孩子的特点出发，围绕孩子感兴趣的主题去选择书本。如果孩子向往遥远的南极，那不妨为孩子选择南极的游记、南极的图鉴、科考站的故事、企鹅的科普书，甚至关于企鹅的绘本。

世界上的知识是如此丰富，融阅读希望打破种种禁锢和边界，给孩子呈现出一个更完整生动的世界。

五、介质之融

最后一个建议是让学生习惯从不同平台或者介质阅读，养成阅读习惯。

传统的阅读对象，通常是纸介质，即所谓书籍。但现在随着新技术的发展，各种网络平台的出现和丰富，人们阅读以及体验客观世界的介质越来越多，读书已经不仅仅是读纸质书了。

随着近年的科技快速发展及人工智能时代的到来，电脑、电视、手机、电子阅读器，都是可以阅读的设备，专业的读书 APP、微信公众号、微博、社交账户等各种平台上都有可以阅读的内容，如果不把阅读限制在文本上，还有许多的图片、视频，都是可以阅读的内容。在这精彩纷呈的网络世界里，孩子也可以接触到许多有趣有益的信息，融阅读主张破除介质的限制，在网络世界里探索更丰富的阅读内容。虽然纸质书有自己的特点，但电子时代的阅读也有显而易见的优势。而我们要做的，就是尽早培养孩子习惯这种属于未来的阅读方式。

2009 年 11 月，美国前副总统戈尔在 iPad 上推出了一本采用融媒体技术制作的论述环保问题的电子书《我们的选择》。该书以数据链接的方式，集中展现了所有能找到的最能有效地说明问题的资料，同时采用了至少 250 个令人惊叹的全屏幕图像：1 小时的纪录片片段、30 幅原始的交互式信息图形和动画等，还能够探索每一张照片在互动地图上的位置。这本全新概念的融媒体图书，给读者带来了全新的阅读体验。

比起沉重的书本，手机、电子阅读器非常轻便，可以在出门时带上，平时排队坐车时也能阅读。网络上的信息是易得的，只要在搜索框里搜索关键词，就能得到海量的信息，在这个过程中孩子还能锻炼信息检索能力。而且与前面提到的主体之融相辅相成的是，在网络上可以实现阅读的交互，比如在阅读时能看到他人的评论，可以组成阅读打卡的圈子等。此外，在网络上阅读的信息是丰富而且具有时效性的，孩子能在上面看到最新的信息和动态，这其实就是孩子了解社会生活的一种便捷的方式。

除此之外，习惯听书，把听到的内容转化为文字信息记忆起来，也是属于未来的一种阅读方式。目前线上已经有各种成熟的听书平台、播客等。听书更容易利用起孩子们的碎片化时间，更容易解放双手和眼睛，如孩子们可以在躺着休息时听，在坐车、等电梯、排队时听，在帮忙做家务的时候听，高效地通过耳朵吸收最新信息。

不过，电子阅读虽然有很多的好处，但它需要注意的地方也很多。比起正规出版社出版的图书，网络上的信息非常繁杂而且良莠不齐，因此在孩子接触电子阅读的时候，家长和教师必须给予足够的指导。首先是家长或教师需要对阅读的内容进行筛选，选择适合孩子的，有价值的内容去阅读，要防止过度娱乐化的倾向。然后是家长或教师要帮助孩子做好计划，让孩子有组织地进行电子阅读，如果没有时间上的计划，可能会导致出现过度沉迷，影响视力的问题。还有就是教会孩子使用方法，如搜索引擎的使用，分享内容的方法等。

无论是纸质阅读还是电子阅读，都是通往知识的道路，只要家长和教师做好引路人，孩子在哪条路都能看到优美的风景。

第二节　适应于未来的教育样态

未来的教育会是什么样？较现在而言会有什么变化？

2000 多年前，孔子有两大教育理想：第一大理想是"有教无类"，这是关于教育公平的问题；第二大理想是"因材施教"，这是关于个性化教育的问题。为了这两大教育理想，人类几千年来一直在努力、在推进，但是一直没有真正实现。如今，互联网时代的科学技术为实现这两大教育理想提供了新的可能性。

2021 年 11 月 10 日，联合国教科文组织面向全球发布了《共同重新构想我们的未来：一种新的教育社会契约》报告，报告探讨和展望了面向未来乃至 2050 年的教育，提出了在教学法、课程、教师功能、学校愿景和教育时空等方面的革新方向：

在教学法方面，教学法应围绕合作、协作和团结的原则进行组织。它应培养学生的智力、社会和道德修养，推动他们在同理心和同情心下合力改造世界。它还应教会学生拒绝偏向、偏见和分裂等。对于教学法的评估应反映教学目标，包括促进有意义的学习和推动所有学生的学习等。

在课程方面，课程应强调生态、跨文化和跨学科学习，支持学生获取和生产知识，同时培养他们批判和应用知识的能力。它必须包含对人类生态的理解，重新平衡地球作为生活的星球和独特的家园与人类之间的关系。它应该通过科学、数字和人文素养来培养学生辨别真伪的能力，以应对错误信息的传播。在教育内容、方法和政策上，应倡导积极的民众参与。

在教师功能方面，教师的教学应进一步专业化，让教师作为知识的生产者与促进教育、社会转型的关键人物而获得社会认可。协作和团队合作应成为教师职业的特征。反思、研究和创造知识以及新的教学实践应成为教学的组成部分。同时，必须支持教师的自主性和学术自由，保证他们充分参与关于教育未来的公开探讨和对话。

在学校愿景方面，学校应该成为受保护的教育场所，支持包容、公平以及个人和集体的福祉。同时，要重新构想学校，以推动世界更好地向更加公正、公平和可持续的未来转型。学校还需要将不同群体聚集在一起，并使他们有机会体验到在其他地方无法遇到的挑战和可能性。应重新设计学校建筑、空间、时间安排、课程表和学生分组，以鼓励和推动个人一起学习。数字技术应旨在支持而非取代学校。学校应成为实现可持续发展和碳中和目标的典范，以塑造我们所期望的未来。

在教育时空方面，人类应享有和扩大终身教育及其在不同文化和社会空间中接受教育的机会。我们应该连接现实的和虚拟的学习场所，并发挥每个场所的优势。政府应当承担关键责任，加强公共筹资能力和教育监管。人类的受教育权需拓展到终身，并包括获得信息、文化、科学和互联互通能力的权利。

联合国教科文组织的这份报告以全球的眼光和跨越时代的角度去思考教育，注重教育的公平性与公共性，它是宏观上的教育蓝图。而世界经济论坛则结合第四次工业革命，对学生的学习提出了更具体的设想。在 2020 年 1 月，世界经济论坛发布了《未来学校：为第四次工业革命定义新的教育模式》。这份报告提出了 "教育 4.0" 的全球框架，即学习内容和经验的八个关键特征：重视全球公民技能培养、重视创新和创造技能培养、重视技术技能培养、重视人际交往技能培养、强调可及性和包容性学习、强调基于问题和协作的学习、强调个性化和自定进度的学习、强调终身学习和自主驱动学习。

关于未来的教育和学习，还有许多的机构和项目在研究和探索，其中澳大利亚 "未来学校联盟"（Future Schools Alliance，FSA）提出了未来学校变革的 8 个原则，即核心技能发展（Core Skill Development）、自我发展（Development of Self）、赋权学生（Student Empowerment）、共建学习（Co-constructed Learning）、灵活性（Flexibility）、与社区深度融合（Deep Integration with Community）、成就所有人（Success for all）和高素质师资（High Quality Adults）。

为了适应社会的发展，学生需要拥有创新的能力、实践的能力、合作的能力、自主学习的能力，因此当前的教育和学习模式必须改革，从以上的研究和报告中，我们能了解到一些改革的基本的原则和方向。

如果想要预测未来的变化，首先要知道可能产生变化的原因。首要的原因就是科技发展带来的教育变化。我们当今社会早已进入智能设备时代，知识和信息的增量正以指数级增长，一个人可能一年接收的信息量比过去一个人一辈子或几辈子接收的都多，人的认知仅靠大脑已很难处理如此繁多复杂的信息，必须借助外脑才能适应越来越复杂的社会。这意味着新时代需要培养能够人机协同的人才。在以前的教育当中，往往经验丰富的教师会带出更优秀的学生，就是因为通过丰富的经验可以快速确定适合不同孩子的不同教育方式。而有了大数据之后，通过分析不同学生对不同学习方式的反馈、接受程度以及性格，可以提供更加科学和适合的教学方案，而这种方案并不像以前要受制于某个特定的学校、教师。基于大数据进行在线教学的意义就是，在某些偏远地区的孩子也可以有机会受到相对同等的教育资源。

大数据和人工智能的结合将更可能促成 AI（虚拟）教师的诞生，而这些虚拟教师或将改变孩子们在未来的学习方式。数据的力量将使得 AI 教师比人类教师在某些领域上更加强大。通过应用多种心理测量标准，AI 教师能够评估每一个学生的能力和兴趣。随后，AI 教师会根据学生们各自的特点，给他们分配适合自己的教学课程安排。现在的孩子们通常只能以同样的进度学习着同样的科目。而未来与现在的不同之处就在于，未来的 AI 教师将教授学生们有实际用处的知识和技能，从而开发出他们最大的潜能。此外，AI 教师还将能够根据每一个学生的需求对自身进行个性化设置。这就意味着，当人类老师还局限于一对多的教学模式时，AI 教师已经能够以一对一的方式进行授课了，就像一个教师带一个学生一样。

在未来，AI 教师的教学形式也多种多样，包括书面式、语音式以及视频式教学。并且，这种教学方式也将跨越语言的障碍。甚至现在已经出现了智能的自动化翻译系统，它能够将句子从一种语言翻译到另一种语言。未来这种翻译系统将被进一步优化，并应用到 AI 教师的教学过程中去。该技术的应用，能让 AI 教师选择一种最适合某个学生的语言和教学形式进行授课。比如，有的学生可能有身体残疾或者心理问题，这都会影响他们的学习过程，所以 AI 老师会给予他们特殊对待。随着人工智能变得越来越复杂，机器可能会读取学生脸上的表情，表明他们正在努力掌握一个主题，并会修改课程以做出回应。为每个学生的需求定制课程的想法在今天并不可行，但非常有可能在未来适用于人工智能教育设备。

除此之外，AI 教师永远不会感到疲惫或厌烦，可以真正做到全天 24 小时地为学生解答问题，无论多少次。AI 教师甚至能在课后时间继续辅助学生学习。学生能够随时随地就任一话题对 AI 教师进行提问，并且 AI 教师还能立即给予详实的答复。去问问现在任何一个孩子在上初高中的家长，除非受过相关的高等教育，否则很多家长没有能力去辅导孩子的数理化等课程，而当他们的孩子在家里为家庭作业或考试准备而苦苦挣扎时，他们会对 AI 支持孩子的潜力感到非常兴奋。由于人工智能，辅导和学习计划变得更加先进，很快它们将变得更加可用并能够响应一系列学习方式。在分析了学生的数据之后，AI 教师能够从中找出学生们最感兴趣的话题。然后，AI 教师就会以这些话题为基础来给学生们安排课程，并且这些课程的难度也会逐渐增加。此外，通过应用推荐引擎机制（短视频抖音APP 就是利用推荐引擎来给用户推荐个性化的喜欢的艺人或音乐，淘宝同样是通过这种方式来给你推荐你可能会感兴趣的产品），AI 教师也能够给学生推荐下一个可能会感兴趣的话题。

在现阶段，人工智能已经通过一些有助于开发技能和测试系统的工具开始逐渐地应用于教育。随着人工智能教育解决方案的不断成熟，人们希望人工智能可以填补学习和教学方面的需求空白，让学校和教师比以往任何时候都做得更多。人工智能可以提高效率、个性化和简化管理任务，让教师有时间和自由来提供理解和适应性——这是目前的技术限制导致的机器难以解决的某些独特人类技能。通过利用人工智能和教师的最佳属性，人工智能在教育中被赋予的愿景是他们共同努力为学生带来最佳成果。由于今天的学生需要在人工智能成为现实的未来工作，因此我们的教育机构让学生接触并使用该技术非常重要。

但无论未来如何发展，现在能确定的是新一代的青少年是网络原住民，他们认知世界、适应世界的思维方式跟上一代人相比发生了根本改变。如果把这种思维变化视为教育大楼的地基，那么地基变了，教育大楼也要改，且需要结构性变化，小修小补都不够。

我们已进入第四次工业革命的初期阶段和工业 5.0 的萌芽阶段，随着人工智能的进一步发展，绝大多数大学生学的逻辑、模型等智能化早期的过渡性知识技能将被人工智能替代，再往前走就必须培养能够创造、使用和治理人工智能的高级人才。

阅读是一个人一生当中必不可少的一种技能，是从幼年获得阅读能力之后就离不开的一种技能。阅读及其教学，是作用于人的世界观、价值观，影响人格素养形成的重要途径与基本方式。阅读是重要的学习方式，是孩子认识世界、提高能力、养成健康人格的一个必要而便捷的工具，没有一个孩子在学习的过程中能绕开阅读这一活动。同时在前面的章节中，我们发现当前阅读活动中存在的种种问题，为了让孩子适应时代的发展，为了发挥阅读的作用，我们需要革新当前的阅读形式，让阅读活动成为构建未来学习的重要抓手。

通过分析阅读存在的问题，并结合国家政策的要求以及各个研究机构对未来学习的倡议，本书提出"融阅读"的概念。这是一种创新的阅读方式，它打破时间、空间、主体、对象和介质的界限，以开放的思维去重新看待阅读，并发掘阅读更广泛更深刻的价值。与传统的阅读方式相比，"融阅读"更加注重孩子的全面发展，更加注重培养孩子适应未来发展的能力和素质。

融阅读不仅促使学生获得语文知识，更重要的是提高他们的文化修养，培养他们获得相关的感受力、鉴赏力、思辨力、创造力、表达力，并进一步形成这方面的习惯。我们希望通过融阅读这样一种学习新样态，培养孩子们的自主学习能力，系统直观思维，原生原创能力，以及适应 AI 时代面向未来的能力。

第三节　融阅读与未来教育相通的核心素养

人类发展的历史告诉我们，无论未来的教育如何发展，有一些核心素养能帮助人们在面对不确定时以不变应万变。其要义包括价值观念、必备品格和关键能力。对此，我们虽然还需要经过很多研究才能深入、完整地理解，但有一些已形成人类广泛共识，如全球视野、家国情怀、创新创造、驾驭信息的能力等。单纯的记忆学科知识的学习其价值会弱化，但学科知识学习仍然十分重要，因为在知识学习过程中所形成的能力和知识及其所承载的社会价值与文化精神会受到更多重视。

今天一些学校通过学习方式变革，如探索情境化学习、问题化学习、项目制学习等，进行跨学科的学习和探究，让学生基于兴趣，面对问题，分析问题，解决问题，其目的就是让学生在综合应用学科知识过程中领悟知识背后的精神，这种精神某种程度上是一种价值观、世界观，也是一种思维方式和创新能力，更是应对未来各种不确定时以不变应万变的核心素养，这代表着新时代教育人的方向。这些能力不是通过简单的教材就能够让孩子在少年时期轻易掌握，而融阅读及其学习样态可以作用于人的世界观、价值观，影响孩子们人格素养的形成。

我们希望通过融阅读，构建一个新型学习样态，打通融阅读与未来教育之间的路径。融阅读的6C核心素养，即批判性思维（思辨力）、想象及创新（创造力）、美学素养（鉴赏力）、解决问题（应用力）、好奇心（自主学习内驱力）、信息逻辑（综合力）。

当"融阅读"辅助学校、家庭、社区，实现孩子达成人文底蕴、科学精神、学会学习、健康生活、责任担当、实践创新六大项中国学生核心素养，也就是使孩子们能在未来的乌卡时代中适应社会生活，推进社会发展，创造社会价值。

"融阅读"的教育目的是通过科学探究的阅读，植根科学精神，培养孩子勇于探究、敢于质疑的理性思维，为其成为创新型人才打下基础；通过广泛的知识积累与行为习惯培养，孩子乐学善学，提高信息素养，并勤于反思，将学会学习、学习阅读内化为成就一生的能力；通过劳动研学与社会接触，培养孩子的实践创新能力，让劳动意识深种内心，通过生命文化、融入自然的体验等方式锻炼孩子应用技术与解决问题的能力。

一、好奇心：自主学习内驱力 Curiosity

好奇心是一种与探索、调查和学习等好奇思维相关的品质。这也是唯一一种在人类和其他动物的身上都有被观察到的特质，尤其是在有些动物中更加明显（如猫、狗等）。好奇心与人类发展的各个方面密切相关，其中衍生出学习的过程以及获取知识和技能的愿望。

好奇心一词也可用于表示好奇的行为或情绪，与获取知识或信息的愿望有关。数千年来，好奇心作为一种行为和情感，不仅是人类发展的驱动力，也是科学、语言和工业发展的驱动力。

好奇心对于孩子，或者说教育本身都太重要了。很多文献中都可以清楚地看到它是如何在天才身上表现出来的。比如一些知识巨人，他们的特点都是好奇的人，就像托马斯·爱迪生、列奥纳多·达·芬奇、阿尔伯特·爱因斯坦、理查德·费曼都是非常具有好奇心的角色。理查德·费曼（Richard Feynman）以其好奇心所带来的冒险而闻名。好奇心不仅对智商高的人很重要，成功的学生（和未来在社会中成功的人）经常表现出很好的求知欲。

为什么好奇心如此重要？这里有四个原因：

它能让孩子们的头脑主动变得活跃起来，而不是被动地去思考和感受。好奇的人总是提出问题并寻找答案，他们的头脑总是很活跃。好奇心引起的脑力锻炼能在潜移默化中让人的头脑越来越强大。

它让孩子们的头脑敏锐地观察新的想法。当你对某事感到好奇时，你的头脑会期待与该主题相关的新想法。当这些想法出现时，你会认出它们。没有好奇心，好的想法可能就在你面前一闪而过，而你却抓不住。

它给孩子们机会认知新的世界和发现新的可能性。通过好奇心，孩子们能够看到通常看不到的新世界和新的可能性。这些都是隐藏在正常的，或者说普通的生活的表面之后，需要好奇的头脑才能看到事物的表面之下并发现这些新的世界和可能性。

它给孩子们的生活带来兴奋。好奇的人的生活永远不会轻易枯燥乏味。事实上，好奇的人的生活既不乏味也不常规。总是有新的东西吸引好奇的人的注意力，总有新的"玩具"可以玩。相对于其他人，好奇的人有更刺激的生活。

那么，融阅读对于激发孩子的好奇心有什么样的作用呢？好的书籍就会先激发孩子好奇心，然后用更多的信息去满足孩子的好奇心，之后再提出新的观点或者问题，再次激发孩子的好奇心，以此往复。阅读也能让学生有机会更高效地去了解更多之前不太了解的学科。

二、批判性思维：思辨力 Critical Thinking

什么是批判性思维？

批判性思维（Critical thinking），或称批判性思考、思辨能力、严谨的思考、明辨性思维、审辨式思维等，是对事实的分析以形成判断。该主题存在几种不同的定义，通常包括对事实证据的理性、怀疑和不带偏见的分析或评估。批判性思维是自我导向、自律、自我监控和自我纠正的思维。它的前提是同意严格的卓越标准并谨慎使用它们。它需要有效的沟通和解决问题的能力。

批判性思维一词描述了合于理智的反思性思维。将外行人的思维导向科学的方法论标准尤为重要。

批判性思维的最早记录来源于柏拉图所记载的苏格拉底的教导。其中包括柏拉图早期对话的一部分，苏格拉底在道德问题上与一个或多个对话者进行接触，如质疑苏格拉底逃离监狱是否合适。当时很多哲学家对这个问题进行了思考和反思。

苏格拉底确立了这样一个事实，即人们不能依靠那些"权威"的人。他坚持认为，一个人要过上好的生活，或者要过上值得过的生活，他必须是提问者，或者必须有一个敢于去质疑的灵魂。他确立了在我们接受值得相信的想法之前提出深入思考和问题的重要性。

苏格拉底有关批判性思维最重要的一句话是："首先寻找证据，仔细研究推理和假设，分析基本概念。在观察一个人的时候，我们不仅要注意他说了什么，而且也要注意他做了什么。"苏格拉底在提问方式中强调，批判性思维需要人的思维和逻辑都要清晰。苏格拉底在当时就提出了一个观点，即拥有权威并不能确保准确的知识。他确立了质疑信仰的方法，密切检验假设，依靠证据和合理的理由。柏拉图记录了苏格拉底的教导，并发扬了批判性思维的传统。亚里士多德和随后的希腊怀疑论者完善了苏格拉底的教导，运用系统思维和提问，从而一目了然地确定现实的真实本质。

批判性思维在自发的学习过程中，在阅读内容固有的基本思想、原则和理论的构建中具有重要意义。批判性思维在实践性学习过程中很重要，当这些书本中的想法、原则和理论与学生的生活相关时，这些想法、原则和理论就会得到有效实施。

每个学科都会不断调整其对批判性思维概念和原则的使用。核心概念始终存在，但它们嵌入在特定学科的内容中会有不断的微调。对于学生学习的内容，思维方式至关重要。所有学生都必须自己思考，自己构建知识。优秀的教师认识到这一点，因此专注于提问、阅读、活动去诱导学生自己找到答案，这些活动激发了学生对课题背后的关键概念和原则的思考。

从历史上看，批判性思维的教学曾经仅侧重于逻辑程序。这向学生强调了良好的思维等同于逻辑思维。然而，批判性思维的第二波浪潮促使教育者重视传统技术，同时扩展成为批判性思考者的意义。在英语和威尔士学校系统中，批判性思维是 16 至 18 岁的学生作为 A-Level 学习的科目。在 OCR 考试委员会（牛津、剑桥和 RSA，负责 A-Level 考试）下，学生可以参加 AS 的两份试卷："证据的可信度"和"评估和发展论证"。A-level 考试考查考生批判性思考和分析关于演绎或归纳有效性的论点以及提出自己论点的能力。它还测试他们分析某些相关主题的能力，如可信度和道德决策。

从 2008 年起，英国的评估和资格联盟也一直在提供 A 级批判性思维规范。OCR 考试委员会也对 2008 年的考试进行了修改。许多大学自发设置的大学入学考试，除了 A-level 考试之外，还包括批判性思维元素，如 LNAT（英国法学院入学全国统考）、UKCAT（英国临床能力测试）、生物医学类学科入学考试和思维技能评估。

在卡塔尔，AL-Bairaq（一个针对高中生的非传统教育项目，侧重于基于 STEM 领域的批判性思维课程）。AL-Bairaq 的想法是为高中生提供与卡塔尔大学先进材料中心（CAM）的研究环境联系的机会。教职员工培训和指导学生，帮助培养和提高他们的批判性思维、解决问题的能力和团队合作能力。

批判性思维是所有专业领域和学科的重要组成部分（通过调查证据来源、标准等）。在科学怀疑主义的框架内，批判性思维的过程涉及仔细获取和解释各种渠道获得的信息，并使用它来得出合理的结论。批判性思维的概念和原则可以应用于任何上下文或案例，但只能通过反思该问题或答案的性质。因此，批判性思维形成了一个相关的、重叠的思维模式系统。换言之，尽管批判性思维原则是普遍的，但它们在学科中的应用需要一个训练、强化的过程。

批判性思维在学术领域被认为是重要的，它使学生能够客观地分析、评估、解释和重组思维，从而减少因为错误偏见导致错误结论。然而，即使了解逻辑探究和推理的方法，错误也会发生。批判性思维包括识别偏见、偏见、宣传、自欺欺人、歪曲、错误信息等。鉴于认知心理学的研究，一些教育工作者认为学校应该注重教授学生批判性思维技能和智力特质的培养。

那么，应该如何教授，或者说如何让学生获得批判性思维的能力呢？澳大利亚新南威尔士州教育部最近发表的一篇关于批判性思维教学研究的综述得出的结论是，教授所谓的通用批判性思维技能，如逻辑推理，在很大程度上是无效的。

这个结论乍一看有些匪夷所思，但正如该研究的作者、弗吉尼亚大学的教育专家和心理学教授丹尼尔·威灵厄姆（Daniel Willingham）所说："认为批判性思维技能一旦获得就广泛适用是没有用的。希望学生能够分析、整理和评估信息听起来是一个合理的目标。但是分析、综合和评估在不同学科中意味着不同的东西。"例如，他指出文学批评所需的批判性思维技能与数学非常不同。不同的领域，如科学和历史，对"知道"某事的含义有不同的定义。

也就是说，批判性思维最好在内容丰富的环境中教授——数学技能在数学丰富的学习环境中，等等。学生需要沉浸在主题中，并有机会发展特定内容的批判性思维技能。不同的书籍则可以提供各种策略来帮学生获得与每个学科相关的特定批判性思维技能。

这就是融阅读的重要性。融阅读可以帮助学生在不同的主题或课程中，用不同的方式掌握这些适用于特定内容的批判性思维技能。从阅读中获得客观地、批判性地思考一个话题或问题的能力。通过识别和反思与某个问题相关的不同论点。批判性地评估不同观点的强度和有效性，包括证据或论点中的任何弱点或作者有可能出现的偏见。考虑一个陈述或论点背后可能存在的含义。例如，考虑一个决定对自己和他人的不同影响，以及问题解决和决策制定——为自己的选择提供结构化推理和支持。

三、美学素养：鉴赏力 Connoisseurship

在现今社会中，我们经常见到诸多不文明现象，人文素质教育的重要性在当今社会日渐凸显。因为如果一个人不具备最基本的分辨美和丑的能力，则很大程度上不会有明辨是非的能力。美学素养教育可培养学生的健康审美标准，这对于学生的人生观、价值观与社会观的培养具有重要的作用。美育教育，能树立学生健康的审美标准，是推动社会和谐的重要力量。由于社会人文素质教育与审美生活的转换，学校美学教育课程仍然需要加以完善。处于此种背景下，美学的多重动态结构形成辩证统一的关系，促使美学教学改革脚步加快。

我国儒家学派创始人孔子曾经说过"兴于诗，立于德，成于乐"，著名学者王国维则将孔子的名言总结为"始于美育，终于美育"，由此可见，美学素养不仅贯穿于学生阶段，而是陪伴其终生，具有持久生命力。在现今的社会中，由于消费主义观念对青少年思想的"侵略"，加之我国传统教育与专业教育的不完善，学生完整属性有所破坏，进而使得人性、感情、信念以及肉体方面会出现不平衡的情况。想要改善当前状况，就应该加强对学生美学素养的提升，完善自我功能，使其本身素质得以提升，通过此种方式促进孩子的全面发展。美学素养教育不但能够帮助学生培养良好品质，完善自身，铸造优秀品质，同时还可以丰富学生自身内涵，达到内外兼修的目的。社会的和谐发展，要求每个人都要将自身价值最大化，在社会关系中发扬优秀品质，展现丰富的个人内涵，将人文素质贯彻于现实实践之中，以促进经济文化、人文地理、大自然与人类和谐发展的实现，使得社会在统一状态下，协调一致发展。

不少家长认为所谓艺术细胞大多是先天的，不可能随随便便就培养起来；也有不少家长完全不赞同这种观点，认为后天的教育环境依然能够培养出一个有美学素养的孩子。其实这两种观点并没有绝对的谁对谁错，先天的艺术细胞对于一个孩子懂得如何分辨所谓的美和丑确实有很大的帮助，但是如果只凭借先天的某些特长，没有勤奋的努力和付出，再聪明的天才也不会有进步。在这种理念之下，多鼓励孩子进行阅读，尤其是阅读文学名著，可能是最有效的提升孩子美学素养的办法。比如鲁迅、老舍、列夫·托尔斯泰、毛姆、雨果、莫泊桑的作品，孩子在仔细阅读和深刻理解之后，会发现真正的鉴赏并不只是像考试的阅读题那样赏析、剖析文章或者段落的深意，或者艺术效果。鉴赏的最高境界应该是通过读懂作者的文章所表达的思想情感来提高自己的思想深度。一个人思想足够有深度，思维方式就会更加灵活多变，鉴赏能力也能随之提高。

四、信息逻辑：综合力 Coherence

信息逻辑是学生最难以掌握的一个技能。阅读主要看学生基础文字运用能力，这其中包括理解文章的基本内容和含义、归纳总结作者的核心观点、把握文章的脉络以及段落间的逻辑关系、根据文章的具体线索进行推理。

这就要求学生不仅需要被动理解材料信息，还要主动根据文章内容进行推理和归纳。也就是说阅读中正确理解原文的中心思想、作者态度、意图以及具体细节固然重要，但同时，逻辑推理也是学生需要不断训练的能力。阅读的逻辑就是通过文本材料的具体信息，了解作者的真实含义。

比如有些学生拿到阅读材料时总会仔细阅读每一个词汇，碰到陌生词汇整个阅读的过程就会卡壳，开始使劲推理陌生词汇的意义。这实际上就是效率非常低的一种阅读方法，某些陌生、超纲词汇可能只是出题老师用来考验学生心理素质的纸老虎，完全可以跳过这些词汇，根据文章的具体线索理解全文的中心思想。

所以说，掌握阅读的逻辑，是有效提高阅读的效率，抓住文章中心思想的关键所在。而不光是阅读。在整个逻辑思维中，学生如果具有较强的信息逻辑思维能力，则可以更清晰地表达自己的观点，或者更轻易地解决问题。

五、想象及创新：创造力 Creativity

想象力和创造力是一种在现今社会中人们非常缺失，但又非常重要的能力。我们需要通过想象力和创造力去形成一些新的和有价值的东西。创新的对象可能是无形的（如想法、科学理论、音乐作品或一段脱口秀内容）或物理对象（如发明创造、原创文学作品或绘画等艺术作品）。

学术界对创造力的兴趣存在于许多学科中，包括教育、人文、技术、工程、哲学（特别是科学哲学）、神学、社会学、语言学、艺术、经济学和数学中。这些学科涵盖创造力与一般智力、人格类型、心理和神经过程、心理健康或人工智能之间的关系。简而言之，创造力将一个想法一点一点通过实际操作和执行变为现实。当一个人有创造力时，你可以看到别人看不到的隐藏的信息，在平常基本毫不相关的事物之间建立正确的联系，并提出新的原创想法。创造能力取决于创造性思维，这是努力工作的一部分，但主要是创造性地解决问题。

《创造力：发现与发明的心理学》一书的作者 Mihaly Csikszentmihalyi 对这个词给出了一个相当大的定义。他说："创造力是我们生活意义的核心来源……大多数有趣、重要和人性化的事情都是创造力的结果。"

除了他的书之外，Mihaly Csikszentmihalyi 还以其关于创作过程和理念的 TED 演讲而闻名，也被称为幸福的秘诀。在他的 TED 演讲中，他说当你完全投入到创作新事物中时，比如写音乐，你甚至不会注意你的身体不适感或你在生活中可能遇到的任何问题。

　　一个人是否具有创造力，是新时代区分人才的重要标志。例如，创造新概念、新理论，更新技术，发明新设备、新方法，创作新作品都是创造力的表现。创造力是一系列连续的复杂的高水平的心理活动。它要求人的全部体力和智力的高度紧张，以及创造性思维在最高水平上进行。创新是一个民族进步的灵魂，是一个国家兴旺发达的不竭动力，也是中华民族最深沉的民族禀赋。《中共中央关于党的百年奋斗重大成就和历史经验的决议》把"坚持开拓创新"列为党百年奋斗的十条历史经验之一。整个人类历史就是一个不断创新、不断超越的过程。一个民族、一个国家如果不能创新，也就失去了前进的动力。创新是一种素质、一种能力、一种精神。其前提基础就是创造性思维。各国之间的竞争说到底是人才的竞争，是民族创新能力的竞争。在科技革命迅猛发展的新世纪，科技创新越来越成为当今社会生产力解放和发展的重要基础和标志，决定着一个民族和国家的发展进程，甚至是一个国家的国际地位。

　　而阅读则是培养想象力的最佳方式之一。我们阅读得越多，我们就越能积累和扩展我们的知识。我们可以对新想法持开放态度，并对新事物有所了解。阅读帮助我们练习想象力，让文字描述特定的图像，而我们则在脑海中操纵图片。这种练习可以增强大脑的功能，因为它就像运动锻炼中在增长肌肉一样。它鼓励创造力，从而带来新的想法。阅读还推动发现和理解。Martha C. Pennington 和 Robert P. Waxler 在《为什么阅读书籍仍然重要：数字时代文学的力量》中指出："如果与理性相关联的想象力和神奇思维会刺激发现、创新和新的理解，那么我们可以认为，读书在发展和吸引富有想象力和神奇的思维方面发挥着关键作用"。这表明阅读是增强想象力的关键部分，可以带来创新和理解。每天阅读一段时间（读书，而不是刷微博）可以锻炼孩子的大脑能力。为了重现书中提到的场景，文字迫使学生去多幻想、思考和运用他的想象力，因为他必须掌握且理解书中的想法和推理，这样读书才有意思，也有意义。这将帮助他培养新想法并在现实生活中适时实施。和任何其他练习一样，你读得越多，你就越有创意。

　　阅读将使孩子们养成终身学习的习惯，使对知识的渴求不息成为可能。书籍是通向世界的窗户，我们可以从中窥见文化的过去、现在和未来，可以找到关于生活中事物如何运作的大量信息。读得越多，知道的就越多，就会成为一个更好的问题解决者、更好的对话者和更快的思考者。在未来的工作的任何创意领域，

这些技能都会派上用场。

六、解决问题：应用力 Competence

在学生时期，每个孩子每天的生活其实都是在解决出现在他们面前的问题。无论是学业中的作业、考试，还是生活中的社交、照顾自己。所以，如果学生能有良好的解决问题的能力，就拥有了帮助他们管理好自己学习和生活的重要技能。在 2010 年发表于 Behavior Research and Therapy（行为研究和治疗期刊）上的一项研究发现，缺乏解决问题能力的孩子患抑郁症和自杀的风险可能更高。相反，研究人员发现，具有较强解决问题能力的孩子的心理健康状况远远好于前者。

为什么解决问题的技能很重要？简单来说，除了上面提到的对心理健康的影响，如果学生不具备解决问题的能力，他们可能会选择逃避问题，而不是把精力放在解决问题上。这就是为什么许多孩子在学校成绩一直落后，或难以跟同学成为朋友的原因，因为他并不愿意去解决问题（或解决不了），所以选择了逃避。这种逃避一旦形成习惯，在成年之后也很难去改变。

问题的解决能力并非天生。要想提升学生解决问题的能力，首先要了解解决问题的步骤。在学生遇到的所有问题中，通过阅读去理解问题的情况会占到大多数，如所有书本中的作业题，考试题等。如果阅读能力有问题，不能理解题目，那是不可能做到解决题目中的问题的。

从另一个角度来说，广泛的阅读也会在潜移默化中带给学生一些别人解决问题的办法和理论。这些需要解决的问题可能不仅限于学校中的功课和考试，可能更加具体，比如如何自己修自行车，如何修电脑等，也可能更加抽象，比如如何去处理青春期跟家长的关系，如何在有限的时间和精力里处理好学习和休息的关系等。抛开具体的方法论不谈，通过融阅读了解别人的经历和处理办法，对学生提升解决问题的能力是绝对有帮助的。

第四节　融阅读的四个阶段

与融阅读的 6C 素养相对应的，是融阅读的四个不同阶段。

一、融阅读的"交融"阶段

好奇心是融阅读学习新样态的第一个阶段——交融，即由建立兴趣而产生的自主学习内驱力，包括阅读与儿童成长规律的融合，阅读与儿童个性的融合。

（一）阅读与儿童成长规律的融合

交融是孩子与书籍初期接触的阶段，这个阶段一般是学龄前。在这个阶段，最主要的原则就是激发孩子对书籍的兴趣，在孩子的生命中埋下书籍的种子，而书籍的实用性功能则不必过多强调，所以家长要做的就是让孩子爱上阅读，而不必强调读书能提高学习成绩。

教育部在 2012 年 10 月印发的《3~6 岁儿童学习与发展指南》中提出："为幼儿提供丰富、适宜的低幼读物，经常和幼儿一起看图书、讲故事，丰富其语言表达能力，培养阅读兴趣和良好的阅读习惯，进一步拓展学习经验。"

学龄前儿童的语言能力发展较快，在这个关键时期，家长要引导孩子多听、多说、多看。家长可以选择一些符合孩子认知特点的，能激发孩子兴趣的图书，像是一些经典的绘本，经典的童话书。此时要注意不要盲目要求孩子读经典名著，这会打击孩子的阅读兴趣。此外，也可以让孩子留意生活中的文字，如说明书、路牌等，在潜移默化中让孩子意识到文字是很有用的。

学龄前儿童的记忆以无意义记忆为主，孩子的机械记忆较好，所以有一些几岁就能背诵唐诗 300 首的"神童"，但如果你问他们古诗的意思，则说不出来。因此，在这个阶段让孩子背诵和记忆阅读的内容是不必要的。《3~6 岁儿童学习与发展指南》中提到："应在生活情境和阅读活动中引导幼儿自然而然地产生对文字的兴趣，用机械记忆和强化训练的方式让幼儿过早识字不符合其学习特点和接受能力。"因此，这个阶段的孩子喜欢阅读，会主动让家长给自己讲故事就可以了，不必强调学习的效果。

学龄前儿童的注意以无意注意为主，有意注意的能力在发展，因为他们的注意力还是不集中不稳定的，所以家长需要根据孩子的注意时间来设置阅读时间，不用强迫孩子长时间阅读。另外，家长可以用生动有趣的方式来吸引孩子的注意力，比如提高音调的起伏，模仿故事角色，提出问题，制造悬念等。

学龄前儿童开始有初步的逻辑思维了，喜欢提问就是其中一个表现。家长也需要对阅读过程中的问题做好准备。实际上，这样的提问是非常有益的，家长不单要认真回答孩子的问题，在阅读中也要常向孩子提问，当然这样的提问不是一种检测，而是一种兴趣的激发。

在孩子成长的初期，家长一定要注意保护孩子的求知欲和好奇心，尊重孩子的成长规律，耐心地用一次次的阅读来陪伴孩子，当阅读能给予孩子足够的愉悦感和成就感时，阅读就能成为孩子自主自发的活动了。也唯有这种发自内心的对阅读的兴趣，才能让孩子养成终身阅读的习惯。

要达到这一效果，还有非常重要的一点：家长也需养成阅读习惯，家长也要"融阅读"。言传身教是亘古不变的育儿哲理，孩子在幼儿阶段具有很强的模仿性，家长如何，孩子便如何。因此，家长要保持"学习"的心态，陪伴孩子学习，也是让自己成长。这个过程中拥有家长的示范、陪伴与引导，孩子更能领略阅读的乐趣，同时将阅读和温暖的亲子陪伴联系起来。

（二）阅读与儿童个性的融合

儿童的成长有普遍的规律，但每个孩子的个性特点又是不同的，所以家长在培养儿童阅读兴趣的时候一定要注意与儿童个性的融合。

在阅读的内容上，阅读的书籍应该是让孩子自由选择的，而不是强硬地指定的。家长可以先自己选择几本适合的书籍，然后让孩子在这些书中做选择，阅读是自由的才是快乐的。

在阅读方式上，用适合孩子的方式去激励他们，让他们在阅读上获得成就感和快乐。比如热爱表达的孩子，让他们加入一些亲子阅读的圈子，给他们更多交流和分享的机会；喜欢绘画的孩子可以让他们用绘画创作来表达对书本的理解；想象力丰富的孩子可以让他们改编故事，创造故事；活泼好动的孩子就可以多带到户外去阅读，多引导孩子关注环境中的图文内容；对多媒体沉迷的孩子，可以利用网络平台，线上、线下相结合，引导孩子进行线上阅读。

但家长在这个阶段要始终牢记，孩子在阅读活动中的表现不是重点，对阅读的兴趣才是重点，因此不必在阅读每一本书时都设计各种活动和拓展，这会让阅读变得有些烦琐和沉重。

在学龄前的阶段，只要家长们用心，阅读的大门一定会向每一个孩子敞开，并为孩子一生的发展和幸福打下基础。日本绘本理论大师松居直有很著名的5句话，或许会给你启发：

重视孩子对图画书的快乐感受。

图画书是大人念给孩子听的书。

阅读中的发问不是为了"测试"。

阅读时语言、肢体和情感在联结。

孩子长大后，会收获阅读的意义。

二、融阅读的"融汇"阶段

以上三个融阅读核心素养——美学素养（鉴赏力）、批判性思维（思辨力）、信息逻辑（综合力）是孩子们在习惯培养中养成的综合素质，也是融阅读第二阶段——"融汇"阶段。主要包括阅读方式的融合、阅读技法的融合、阅读学科的融合、与人文环境和历史文化的融合及与自然万物的融合。

（一）阅读方式的融合

在孩子对阅读产生了兴趣，并有了一定的阅读经验之后，就可以拓展孩子阅读的形式了。这时候的孩子应该处于小学阶段，通过家长的用心引导，已经觉得阅读是有趣的事情了，但是对阅读的认知还比较狭窄，家长和教师需要不拘泥于媒介和形式，让孩子多读，随时随地地读。比如让孩子使用网络平台浏览信息、阅读多种媒体形式的内容，比如让孩子参与各种活动，演讲、唱歌、表演戏剧等，比如组织孩子参与社会实践，做简单的社会调查等。拓展了孩子的阅读方式，其实就是拓展了孩子的阅读面。

孩子在尝试不同的阅读方式时，家长和教师需要有一定的阅读指导，同时孩子需要有输出地去对阅读进行总结和沉淀。例如，在进行网络阅读时，家长要提前筛选好内容，或许是图文并茂的儿童故事，或许是科普知识的音频，或许是历史文化的纪录片。在进行阅读活动或社会实践前，家长或教师要确定好主题、流程、材料，而且要根据孩子的实际情况，提前传授一些阅读的方法。

在孩子这方面，如果有条件，可以在进行各种各样阅读活动的时候进行记录，比如摘抄一些文字，比如拍照。在结束时，根据家长或者教师的指引，用各种形式去展示自己的成果。像是现在常见的阅读打卡圈子，孩子和家长可以记录阅读的时间、内容和感悟，可以发一张在家中阅读角阅读的照片。简单的产出就可以让孩子获得更多的成就感和满足感，是培养阅读习惯的一个重要方式。

（二）阅读技法的融合

虽然孩子还处于小学阶段，但是已经可以去接触一些阅读技法了。因为孩子面临着学业的压力，还参与各种课外活动，单纯留给阅读的时间是有限的，要尽可能地多读，就需要用到一些阅读技法，高效地利用每一段阅读的时间。

在小学阶段，家长和教师要指导孩子学会速读的方法，并将速读和精读结合起来，根据阅读内容选择阅读方式。选择精读的内容，一般是经典的、孩子喜欢的或者是教材指定的重点书籍，而可以用速读的方法去读的则是一些容易理解的小说，还有网络上的资讯文章等。要注意阅读的内容要符合"最近发展区"的原则，阅读内容不能是孩子完全能轻松掌握的，重复阅读这样的内容只能原地踏步，也不能好高骛远地选择远远超出孩子能力的内容，否则会使孩子感到挫败，阅读效果也不会好。选择的内容应是孩子稍微踮起脚尖能够到的难度，这样孩子才能真正有所学习。

用速读法读书，首先是引导孩子去浏览书的封面、序言和目录，通过这些内容去推断书的性质、类别，筛选出这是否是自己需要的或者感兴趣的书。这样的快速浏览不仅能教会孩子选书的方法，也能让他们在阅读前对书的内容有大致的把握，阅读时也能更加主动。

阅读时要提高阅读速度，最重要的一点就是要专注。提高专注力有一个方法就是指读，孩子在刚刚识字的时候会用手指指着字来读，等孩子长大了渐渐会放弃指读，因为大家普遍认为指读会限制眼睛浏览文字的速读，但其实并不一定。对于一些注意力较差的孩子来说，阅读时可能会眼睛乱瞟，或者看着看着思绪飞到别的地方去了，对于这些孩子，指读反而能让他们的注意力一直保持在书本上。所以，是否指读要因人而异，如果孩子速度本来就很慢，很难专心，那么要先让他们指读，速度得到提升了，再让指着一个个字的指读转换成指着一行行字的指读。当孩子能长时间专注，阅读速度也较快，那么就可以彻底放弃指读，锻炼一目十行的阅读方式。阅读速度和专注能力的提高都需要循序渐进地来，切不可操之过急。

提高阅读速度还需要注意，阅读的时候需要保持流畅的速度，不能有太多的停滞和回读。遇到不懂的地方不需要停在那里反复琢磨，也不需要见一个生字词就去查。孩子的阅读，主要目的并不是多学生字词，尤其是用于速读的内容并不是重点的书目。孩子能通过上下文去推测生字词的意思，而且通过多次重复在语境中与这个生字词"重遇"，孩子能自然而然地理解它的意思，而且这种推测是对语文能力的一种锻炼。因此，在阅读的时候"不求甚解"地快速阅读是一个好方法，尤其是网络上的信息，长时间专注阅读可能不利于视力，这时候就可以用速读法了。

孩子要真正掌握速读法，还有一个关键的原则，就是要学会主动思考。比如读之前先根据已有的信息去猜测主要内容是什么，并根据书名、目录等已知的信息去提出一些疑问，带着问题去抓取关键的信息，这样才能在保证速读的同时，理解到内容。

关于精读也有一些要注意的地方。首先是孩子需要更多的朗读，朗读是非常有效的能帮助孩子体悟感情的学习方法，尤其是一些诗歌，不单要读，还要大声读，反复读，读出感情，而且要边读边想象。

如果是默读，则需要边读边做笔记，用笔圈画，写批注，都是加深思考的精读方式。读完之后，可以再进行一些相关主题的拓展阅读，如查阅作者资料、背景资料，也可以交流、对话，还可以书写、创作。用于精读的文本都是经典之作，是值得用各种阅读方式来反复品味、深化理解的。

（三）与学科的融合

小学阶段是孩子好奇心最旺盛的阶段，家长和教师可以顺势而为地给孩子提供各种阅读内容，引导孩子接触不同学科的知识，增加孩子对世界的认知。这个阶段的孩子可先繁后简，先接触大量的、有趣的、相互交叉的知识，而不是专业性强、难度高的单一知识，家长和教师不必向孩子强调学科的分类。在孩子的世界里，各种知识都是连在一起的，这种知识的联结，或许正能激发出有趣的创意。

家长和教师可以为孩子提供各种多学科综合的读物，如经典童话、有趣的寓言、成语故事、民间故事、神话故事、自然万物的知识、世界难解之谜等。像一些成语故事，里面既包含了文学知识，又包含了历史知识。自然万物的知识更是包含了生物、物理、化学、地理等知识。还有一些书籍、绘本，有关于二十四节气的，关于列车的，关于菜市场的，这些内容或许没有明确的学科分类，但是阅读它们也能丰富孩子的认知，激发他们对广大世界的兴趣。

（四）与人文环境和历史文化的融合

在孩子的学习历程中，有一些重要的学习内容是缺席的，那就是本土文化。无论什么地方，它的文化都拥有着丰富的内涵，只要用心挖掘，都能让孩子从中感受到独特的美，学习到生活的智慧，领悟到传统的美德。

融阅读鼓励孩子们将阅读和本土历史文化相结合，是符合新时代发展的一项提议。如今城市中流动人口增多，一些孩子成长的地方并不是自己父母成长的地方，孩子对自己成长的地方不了解，归属感不强，这会给孩子带来一种情感上的空缺。所以，我们鼓励家长带着自己的孩子去读一读自己所生活地区的文化，让孩子成为有"根"的人。

家长可以与孩子共读一些包含本地文化的书籍，观看一些纪录片，一边看一边与自己现实的生活环境对照。与此同时，可以去当地的博物馆或社区文化馆参观，阅读相关的介绍，观察文物，听相应的解说等。

此外还有很多景观可以参观，比如标志性的建筑、寺庙、古迹、祠堂，甚至一些老街、雕像、牌坊，每一处景观的背后或许都有许多的故事，浓缩了当地的精神文化。还有当地的民俗活动也可以关注，比如舞狮舞龙，比如庙会、集市等等，在传统民俗活动中吃传统美食，孩子也会乐在其中。

除了景，人也是当地文化重要的部分。可以去关注当地有哪些名人，他们有怎样的人生故事，有什么样的伟大成就。也可以去了解有什么民间工匠、艺人，看看他们怎么表现当地的文化。甚至可以找当地的老人聊聊天，听听他们年轻的时候经历了什么，对年轻的一代又有什么样的期待和忠告。

接触人文历史，不一定要家长"单打独斗"，借力学校、社区与相关公益组织资源，可让孩子与小伙伴们共同探索当地的历史宝藏。项目式学习与研学课堂是相当好的课程资源，这需要社会各界团结起来力量，共同为孩子们搭建接触当地文化的平台。

在带孩子感受本土文化的时候，家长或教师要给予一些引导，要让孩子在这个过程中有一些主动的学习，否则孩子只是走个"过场"，并没有意义。家长或教师可以在带孩子参观之前给孩子进行简单的介绍，可以给孩子布置简单的小任务，也可以让孩子参与其中，比如制作传统美食。在参观或参与结束后，可以让孩子有所产出，比如画一幅画，拍一些照片或视频，写一段文字在网络上分享一下。

我们也要理解，本土文化中一些传统的陈旧的部分，可能会难以吸引孩子的注意力，比如一些民间艺术，孩子可能无法欣赏，家长和教师也不用着急，只需让孩子了解就行。等孩子长大了，回想故乡的风土景致，那些文化会成为他们生命里独特的美好，也会成为支撑他们走得更远的力量。

（五）与自然万物的融合

在小学阶段，孩子们具有探索自然的强烈动力，融阅读也鼓励将阅读与自然万物融合起来。孩子长时间待在室内，沉溺于短视频、游戏的刺激中，却感受不到四季的变化、万物的可爱，这是非常令人遗憾的，且不利于孩子的身心健康发展。

目前有许多面向孩子的关于自然万物的书籍、杂志，这些阅读内容能够拓宽孩子对自然的一些认知，但是，感受自然，亲身体验是最重要的。要感受自然，不一定要去名山大川旅行，在我们身边也有自然的存在，比如校园里的盆栽、花圃、大树，比如家附近的小公园的花鸟鱼虫，这些都是自然。家长或教师可以引导孩子认识身边的事物，并且指引孩子去观察它们，比如看它们的叶片是什么形状的，看它们随着季节流转有什么改变，辨别有多少种小鸟的叫声等。只要留心，会发现"一花一世界，一草一天堂"，简单的事物里也蕴藏着许多生命的神奇。甚至成年人也能在和儿童观察自然的过程中感受到心灵的平静。

小学语文教材中有"观察日记"章节。家长可以使用一些巧思，将写作进行拓展，比如日常生活中吃剩的果核，可以留下来让孩子尝试种植，然后用文字、照片、视频来记录，最后给植物的生长制作一个"纪录片"，孩子就是这个纪录片的"导演"和"制片人"，再将"纪录片"放到网上分享，放大孩子的成果。这样一颗小小的种子不就变成一个丰满的作品了吗？孩子在这个过程中不仅感知到了种子生长变化的过程，还能获得来自不同人群的肯定与鼓励。这是孩子与自然进行的一次有趣交流，也是孩子与社会进行的一次联结。

当家长带领孩子出去玩耍，自然便能与阅读融合。比如要去海边玩耍，可以让孩子读一首海子的《面朝大海，春暖花开》，也可以给孩子布置小任务，给孩子一本儿童诗集，让他寻找一首关于大海的诗歌；对于基础较好的孩子，还可以让他以眼前的风景为素材进行诗歌的创作。不过需要注意的是，这些融合不能太强硬，否则会让孩子产生抵触心理。有一些家长带孩子出游，要求孩子一定要写够若干字的游记，这反倒让孩子失去了探索兴致。

自然万物中，蕴藏着那么多的知识，那么多的美景，那么多体验快乐的机会，希望每个孩子都能在自然这本大书中有所收获。

通过对上述多板块的接触与阅读融合，孩子的美学素养（即鉴赏力）、批判性思维（即思辨力）、信息逻辑力将获得显著的提升，为其核心素养的养成助力。

三、融阅读的"和融"阶段

学生进入到融阅读学习的第三个阶段就是基于解决问题（应用力）、想象及创新（创造力）的和融阶段。和融阶段是以爱好为导向，包括个人兴趣与成长规划的融合、学科教育与创造力的融合。

（一）个人兴趣与成长规划的融合

孩子在"交融"阶段建立起了对阅读的兴趣，又在"融汇"阶段积累了阅读的经验，并且掌握了一些阅读的方法，下一步"融阅读"会将阅读与个人兴趣、成长规划融合起来。"和融"阶段建议在中学阶段执行，此时孩子无论是身体还是心理都有了显著的变化，他们也面临了与以往不同的成长问题。

著名的心理学家埃里克森曾提出过心理发展八阶段理论，他认为，人生的每个阶段都有其特殊的目标、任务和冲突，其中青春期的主要任务是建立一种新的自我同一性。在青春期，孩子急迫地想要认识自己，想要知道他人是如何看待自己的，也想知道要怎样努力才能成为理想中的人。如果不能很好地完成这个阶段的任务，青少年会产生角色混乱，不确定自己是谁，能干什么。

因此，在这个阶段，家长和教师要尊重孩子对自我的探索，给他们自由的空间，并给予适当的帮助。融阅读提出将阅读与孩子的个人兴趣融合起来，因为一般在青春期阶段，孩子会热切地探寻和投入到兴趣爱好当中，兴趣的培养就是孩子确立自我的重要方式之一。如果一个孩子没有自己的兴趣，家长和教师也一味地想着提高成绩，那么孩子就容易沦为一个没有个性的考试机器。

在孩子发展兴趣的过程中，阅读内容可为经典故事及感兴趣的知识，让孩子有意识地融入世界知识文化体系。如果孩子的兴趣是理论性比较强的知识，比如天文、地理，家长和教师可以给孩子找一些专业的综述性的书籍，要入门级的，易读的，这样能给孩子打下坚实的基础，也可以让孩子对感兴趣的内容有一个系统的全面的了解。如果孩子对心理学感兴趣，可以给孩子推荐《心理学与生活》，而不是让孩子读一些类似《十分钟读懂对方》的"伪心理学"，如果孩子是以后者入门的，就会对学科有错误的认识，难以进入心理学的大门。不过在阅读专业书籍的时候也要注意，孩子不必把所有内容都弄懂，有一个粗浅的印象就可以了。

除了看书，还可以带领孩子去现实中一些相关的场馆看看，如果孩子喜欢建筑，可以带孩子去看看所在城市的一些标志性建筑，如果孩子喜欢画画，可以带他去参观画展，如果喜欢物理，可以带他去科学馆参观。

看书、参观场馆，接触到的是一些系统的或者是直观的内容，此外孩子还可以利用网络资源阅读最新的资讯，尤其是一些发展变化很快的领域，如互联网和科技。另外，孩子还可以在网络上找到自己兴趣领域的"偶像"，如很受青少年欢迎的科学博主"毕导"，他是清华大学的博士生，在网络上发布了很多科学视频和文章，内容有趣，角度新奇。家长和教师可以多给孩子介绍这样的资源，给孩子树立学习的榜样。

除了与自己兴趣直接相关的阅读，孩子在青少年阶段还需要许多人生的指引。

此时要注意多给孩子阅读经典的小说，这些经典的故事里往往蕴藏着宝贵的人生智慧。孩子可以在阅读中了解故事里的人物是怎么面对人生问题的，这些人物有怎样的个性，表达了什么样的态度。

这些与兴趣有关的阅读，与人生有关的阅读，会慢慢地帮助孩子找到自己的热情所在，帮助孩子认识自己是什么样的人，为孩子指明未来发展的方向。

（二）学科教育与创造力的融合

孩子在中学阶段面临着升学的挑战，学校里的学科学习也是他们需要解决的最主要的问题。而融阅读从不脱离学科，孩子在融阅读中习得的知识与能力也将助力他们的学科学习。

新课改非常重视学生的课外阅读，它规定了义务教育阶段九年课外阅读总量应在400万字以上，高中不少于150万字，而且对学生的背诵篇目和课外读物的篇目也给出了具体的指导意见。通过融阅读，孩子可以获得更广的知识面，理解能力和创造力也会得到提升，这些能力不但能帮助孩子在语言学习上更游刃有余，还能迁移到各个学科的学习中，提高孩子解决问题的能力，助力孩子在教育系统语境下的上升。柏拉图说："强迫学习的东西是不会保存在心里的。"融阅读让兴趣成为引路石，使孩子有目的、有计划地接触更精、更专的知识面，并将知识内化为学科学习的武器。越来越多的教育工作者意识到了学科阅读的重要性，通过融阅读，为孩子推荐更多与学科相关的书籍、网络、展馆、活动的资源，让孩子能以更有创造性的方式去接触各个学科。

四、融阅读的"圆融"阶段

融阅读作为一种开放性阅读，它将阅读过程看作是读者建构自己的知识、能力、精神、人格的过程。融阅读最终是要帮助孩子们建立起终身的、立体的阅读体系，即来到了圆融阶段，圆融是阅读和自我成长取得平衡的阶段，即有意识地规划阅读方向，建立自己的知识体系，为未来的成长打下坚实的知识基础。圆融阶段将孩子多年的积累凝结成综合运用能力。

（一）如何建立自己的阅读体系

阅读要构成体系，才能让学到的知识有条理，有系统，方便记忆，方便运用。建立阅读体系是阅读到一定程度之后自然而然要做的，也是必须做的事情，否则读到的书，浏览的信息零零散散，难以达到学习的效果。建立阅读体系要注意，并不是要将所有看过的书和信息都纳入系统当中，而是选择其中的关键，构成一棵有枝干，有树叶的知识大树。

构筑阅读体系需要有自己分门别类的阅读笔记，如果阅读量特别大，每本书可截取关键点进行记录，不需要大段地摘抄，像思维导图就是很合适的形式。在做笔记时要明确知道阅读的主题是什么，在体系中是否已经读过类似的内容了，如果是重复的，不妨删繁就简，有所选择地记录。就像是看了一篇文章，语言非常华美，论述非常精彩，但其核心观点在阅读体系中已经记录过了，那么就不必再加上去了。

构筑阅读体系要注意书籍只是知识的一种来源，可以尽可能拓宽知识的来源，如今有很多有价值的信息，是以轻便的网络文章的形式发布出来的，比如一些社会新闻的评论，所以也要注意利用这些信息。比起纸质的笔记，电子笔记是更合适的选择，它方便将从纸质书、电子书、讲座、展览等渠道获得的信息，都规整地纳入笔记系统，一些网络上的阅读材料还能直接复制粘贴，也很方便管理和更新，市面上已经有许多这样的笔记工具了，如印象笔记、有道笔记。

建立自己的阅读体系，最好同时进行系统地输出，这种输出或许是一篇文章，或许是一个视频，或者是一条音频。有条理地针对一个话题，阐释你掌握的知识以及你的理解。现在的很多视频网站上，就有不少"天才"小学生通过制作科普视频的方式来输出，他们围绕一个话题，娓娓道来，在表达的同时自己也理清了知识的脉络。著名的费曼学习法就是这样的方法，先假设自己要把一个知识教给一个8岁的小孩子，然后在讲完后回顾自己的表达，发现其中的疏漏，回顾原始材料再学习一遍，以修正自己的语言，让表达更有条理更简单，最后再进行传授。这样的方法能帮助我们对知识有深入的理解。

构建阅读体系不难，难的是要时时更新，不断往里面添加内容，甚至修补原有的框架。但是一旦能做好这一步工作，一定能对所读的内容有一个更加深入的掌握，甚至成为所读领域的专家。

（二）阅读力的提高

随着阅读量的积累，阅读力也会得到相应的提升。阅读量也就是阅读的数量，人们常说的一个人阅读量很大，意思就是这个人读书很多，而阅读力是一个较少被提及的概念，但它同样重要。阅读力就是阅读的能力，它决定了一个人阅读能吸收多少内容，就如同是人对食物的消化能力。因此，阅读力越强，阅读就越得心应手，阅读的效果也越好。

阅读力包含了三个层次，最基础的是对阅读材料的理解能力，就是知道材料表达了什么。下一个层次是分析能力，是能以一定的批评性思维去看待材料，知道它好在哪儿，不足在哪儿。最高的层次就是发散和创新的能力，读者能够联系现实，发现阅读材料与世界的关系，与自己的关系，甚至把学到的东西进行实践和创新。例如，阅读经典名著《红楼梦》，理解层面是读懂故事里发生了什么，知道每个人物有什么样的性格；分析层面是读懂了《红楼梦》背后的封建专制社会，感受故事的宏大，语言的精巧以及人物形象的生动立体；到了发散和创新的层面，可以感悟到文中家族衰落的悲哀和命运的无常，从而在生活中更加珍惜身边的人。

　　但并非读得多，阅读能力就一定更强。有人读了很多的书，却没有自己的理解，可以说这样的人阅读力并不强。阅读力的提高需要运用自己的知识，有意识地练习可以更快地提高阅读力。针对阅读力的三个层次，有不同的方法和策略去练习使之提高。

　　提高阅读的理解能力，首先要有一定词汇量的基础，词汇量的积累可以通过广泛地阅读和适当地检索来实现。随后要学会抓住关键词，把握内容的结构。一个段落的关键词或许会在标题中体现，或者在第一句和最后一句中出现。抓住关键词之后要深入理解它，可以使用前面"如何建立自己的阅读体系"中提到的费曼学习法。关于把握内容结构，可以先看书籍的目录，然后结合自己的理解去绘制思维导图。经过这样的一个步骤，基本上就能将一本书理解得很到位了。

　　关于提高阅读的分析能力，陈云曾提出这样的重要思想："不唯上、不唯书、只唯实，交换、比较、反复。""不唯上"和"不唯书"要求我们具有批评精神，能独立思考。在对阅读内容进行分析的时候，要意识到书上的内容不一定都是真理，作者也有他的局限性，也要注意不要依赖所谓专业权威的"解读"，我们必须要运用自己的思考去对文本进行分析。然后我们要"交换、比较、反复"，这样才能获得更加全面的视角，具体的做法可以是阅读同一个作者的不同作品，可以是阅读同一个主题的不同书籍，也可以是和他人进行交流。还有一个方法很有效，就是写读后感，书写的过程可以帮助梳理自己的想法，写完后可以隔一段时间重读，在掌握了更多知识的情况下对过去的内容进行审视，自己当自己的老师，这样可以很好地提高自己的阅读理解和分析的能力。

　　阅读力的第三个层次是阅读的发散和创新能力，它要求读者将阅读与现实连接起来，这些内容将会在下一部分的"融阅读与实践的关系"中展开阐述。

第五节 融阅读与实践的关系

阅读的目的是让人掌握知识，获得成长。阅读对人的塑造主要是通过人的实践来得到体现的。让人更好地投入实践中可以说是阅读的重要目的之一。直观地看，作为学生，可以通过阅读提高自己的语言表达能力，能在语言学习中获得更好的成绩；作为职场人士，可以通过阅读习得更多专业技能，提高自己的业务能力。此外，阅读还能间接作用于实践，孩子可以通过阅读名人传记，得到激励，从而发奋图强；成人可以通过阅读哲理散文，受到熏陶，更加温和地待人。阅读能给我们实践方法上的指导和心态上的塑造。

实践对于阅读而言，同样重要。通过实践我们才能深入理解所阅读的内容，没有实践，所读的内容只会"纸上得来终觉浅"。陶行知先生的"知行合一"便是这个道理。

阅读与实践是相互促进的关系。所以要提高阅读力，必须实践，要让我们阅读的内容体现价值，也必须实践。胡适曾说过，读书要"眼到，口到，心到，手到"，"眼到"和"口到"不用说，"心到"指的就是阅读要用心思考，而"手到"则是要勇于实践。

创造反思的机会，这样的反思是在读完一本书之后，思考它与现实之间的关系，以及它与自己的关系。《如何阅读一本书》提出了阅读的四大问题，最后一个问题是："这本书跟你有什么关系？"阅读的反思就是从这里开始。随后还可以继续问自己几个问题：比如书里有什么东西是我可以用起来的？用这些东西，我能立刻做的最小的行动是什么？

这样的思考能促进我们将所读投入到实践中，而且并不困难。

除了反思，还需要创造真正的实践的机会。例如，研学活动，古人常说"读万卷书，行万里路"，研学就是将读与行融合起来。研学可以是去风景名胜，可以是著名高校，也可以是各种展馆。在下面的章节中，会介绍具体的案例。

除此之外，一些创新教育也是带领孩子去实践的，如教育戏剧课。在教育戏剧课堂上，教师会准备一个故事，引导孩子进行很多的小活动，如复刻场景，与故事角色沟通，思考问题解决的方案，辩论等。孩子能一边融入故事，一边创造故事。这样的课堂模拟了一个现实世界，让孩子在安全的氛围里进行大胆的尝试，并在这样的尝试中学习书本以外的东西，如怎么表达愤怒，怎么尊重他人，怎么爱护环境等。

教育部《关于全面深化课程改革落实立德树人根本任务的意见》（2014 年）首次提出"核心素养体系"概念。明确教育的根本任务是立德树人，是培养学生的关键能力和必备品质，二者有机结合构成学生核心素养。我们要把培养学生的思维能力和思维品质作为教育的目标并落实在教学活动中，把学生思维能力的培养与学科知识的掌握结合起来，让学生学会学习、学会生存、学会合作、学会做人、学会思维。在培养学生获得这些技能的时候，融阅读的 6C 核心素养是较为完整和先进的，是有指导意义的。

第四章　融校园——构建"和融"的校园文化

马克思说过，环境对年轻人的身心发展有着重大的影响。"孟母三迁"的故事就很好地说明了环境对学生的影响。社会是人类生存和发展的大环境，校园是学生学习和生活的小环境。学校教育目的的实现，很大程度上是学校创设的教育环境的结果。苏联教育家苏霍姆林斯基也认为："用学生创造的周边情景，用丰富的集体精神生活的一切东西进行教育，这是教育过程中最微妙的领域之一。"

文化作为校园的生态系统，其特质环境主要是指校园内经过人们组织、改造而形成的校容校貌和校园学习环境。具体指校容、校貌、自然物、建筑物及各种设施等。这种物质环境自然是一种环境文化，它的作用体现出"润物无声"的特点，却能使学生不知不觉，自然而然地受此熏陶、暗示、感染。所以，学校物质环境文化的设计必须强化环境育人意识，使校园环境充满文化色彩，"努力使学校的墙壁也讲话"。作为学校的教育者，如果使学校各种物质的东西都能体现学校的个性和精神，都能给学生高尚的文化享受和催人奋发向上的感受，那么，校园的物质环境就会成为一位沉默而有风范的教师，起着无声胜有声的教育作用。

优雅的环境，可以修心养性，培养学生审美情趣。鸟语花香，莺飞草长，满目鲜花盛开，枝头硕果累累。在绿树成荫、芳草萋萋的自然环境中，学生对一草一木，一桌一凳自然产生爱怜。校园内科学家塑像、能工巧匠雕像、树人雕塑、个性鲜明的路标、充满文化气息的楼宇名称，营造了校园浓郁的文化氛围。假山巨石，池水游鱼，处处是迷人的风景。黑板报设计构图精美，校园打扫得一尘不染，教室窗明几净，值班同学彬彬有礼，进出楼门相互谦让，走在前面的主动扶门，门卫站姿飒爽，谦恭有礼，保洁员面带微笑，细心呵护每一寸土地，让人感到自然美、艺术美、文化美、整洁美、文明美，心灵得到净化，行为得到规范，语言变得文雅。校园环境的营造，无疑是开拓了第三课堂。在这个课堂里，学生感受到一种向上、进取的气氛。学生在这种环境的熏陶下，他们的性格逐步得到优化，情趣逐步高雅，行为逐步文明，思虑更加忠纯。

校园环境其实也是文化环境。楼宇的名称是文化的体现：笃学楼、致远楼、弘毅楼、梓楠楼是对学子的谆谆教诲，博艺楼、琢玉楼是对学生展示才艺的殷殷期盼，润德公寓、芝兰公寓、双馨公寓是对学生提出的道德要求，尚俭苑、荟萃楼、博雅楼是崇尚简朴、止于至善的生动体现。道路的命名则是文化的传承：北京最主要的大街命名为"长安街"，因为长安是中国四大古都之一；上海最繁华的街道命名为"南京路"，因为南京是六朝古都，学校的道路命名同样如此。

从本章开始，我们一起走进已渗透"融阅读"理念的教育实践中，探索如何在不同场景中实现"融阅读"，而"融阅读"又能以什么方式覆盖至教育的方方面面。让我们从校园出发，感受校园阅读之融。

第一节 空间之融——全方位构建"融阅读"校园文化

空间之融指校园内为师生提供的阅读空间。空间之融注重校园空间的灵活性与开放性，旨在为师生提供自主性强、氛围浓厚、处处能阅读、时时能阅读的阅读环境。

苏霍姆林斯基曾经讲过："一个学校可以什么都没有，只要有了为教师和学生精神成长而准备提供的图书，那就是学校了。"

所以，给孩子们打造一个书香氛围和阅读气息浓厚的校园文化是极其重要的。怎样评价阅读在学校中的重要地位都不足为过。融阅读倾心打造"全阅读"校园读书文化，营造浓郁的读书氛围，倡导在学校中开展丰富多彩的读书文化活动，促进孩子们对阅读产生兴趣，对书籍更加热爱，开阔视野、增长才智，丰富孩子们的日常学习和生活。

学校要重视以阅读为主题进行环境创设。书香与校园文化相融合，让校园的底蕴深厚，阅读的因子隐藏在校园的每一处细节之中，悄无声息、润物无声地影响着每一位师生，甚至是家长。

一、学校门口的书香创设

一进校门口，最引人注目的就是门口的电子显示屏，一般用来设置时间、欢迎语等。学校要利用好这个吸引眼球的宣传屏，设置一些与时间相关的进行延展学习的内容。比如随着二十四节气的变化，设置节气内容，增加与节气相关的习俗，经典诗词等。孩子们每天来到校园第一眼阅读到的就是这些经典的节气文化，连送孩子的家长们都忍不住驻足观看、阅读，有的还会拍下来发到朋友圈分享。孩子们关注电子屏上的节气内容已经形成了习惯。这块电子屏，在传播传统文化和促进孩子对阅读产生兴趣上发挥了巨大的作用。

二、公共空间的书香校园创设

校园里的楼梯墙，教学楼、食堂、宿舍、体育场等处的空白墙壁，也是建设书香文化的好地方。我所工作过的佛山市南海区的芦塘小学，坚持"让阅读成为习惯，让书香飘逸校园"的办学思路，通过春风化雨般的书香环境的创设，助力书香德育养成、书香课程建设和书香课程探索等书香文化创建工程。芦塘小学的书香环境创设渗透在校园的每处角落。教学楼一楼以"知书达理"为主题设立文化堂，两旁还分别设立了主题墙和读书精彩活动以及名人读书路等富含深意的韵味读书墙；二楼以"达观开朗"为主题，三楼以"书卷气韵"为主题，四楼以"知性智慧"为主题。知、书、达、礼四个主题长廊的内容根据小学生阅读特点，设计生动活泼、通俗易懂。此外，楼梯间也精心设计了书香活动动态展示，通过设计活动，选拔优秀学生作品，以"书法文化""书画文化"等为主题，展示在每一层的楼梯墙上，在书香环境的熏陶下，让让孩子们热爱阅读的种子生根发芽（图4-1）。

图4-1 芦塘小学的孩子们

三、班级书香创设

班级里的教室是阅读发生最频繁的地方，建立班级图书馆是融阅读推广的最基础项目之一。在有条件的学校里，可以给每个班级配备书柜，由班主任或某一学科教师作为主要负责人，发动其他科目教师配合，带动学生和家长把自己家中喜欢的书籍也汇集到班级图书馆中，积少成多，大家共同分享，共同借阅，还可以带动学生参与到班级图书馆的建设中来，比如征集班级图书馆的名字，VI设计和理念，赋予自己班级的图书馆以生命和内涵；学生们商讨出一套图书借阅和赠书的规章制度，大家一起按照标准去执行，无形中也锻炼了孩子们自主学习的意识；还可以大家一起布置图书馆的环境和摆设，按照主题、节气等不同的元素进行设计创作，设计图书借阅卡，提高孩子们的动手能力、审美能力、想象力、创造力，这些也是融阅读的6C核心素养，创设班级图书馆的过程，无疑也是一个小小的PBL项目制学习的过程，以阅读为主题，基于问题去解决实际问题，彼此沟通协作，发挥所长，通过图书馆这个阅读的平台提升对书籍的兴趣，积极参与其中，并且从中获得各种能力的锻炼。

此外，还可以开辟班级阅读文化墙（图4-2），如设计阅读专栏，开设如"新书推荐""读后感言""读书美术手抄报"等板块，给孩子们建设一个读书分享的平台，提供阅读心得交流等机会和展示自己思想和才华的小阵地。

校园空间之融，即将阅读环境与课程创新结合，形成所有空间环境都可停下阅读、有意识与无意识的都在汲取知识、全部流程动作都围绕学习、处处指向学习目标，无边界有秩序，科学平衡的全息学习空间。

图 4-2　读书墙和正在阅读的师生

四、有声的环境

除了良好的阅读环境和书香校园文化，一些"有声的环境"对激发孩子们的阅读热情与兴趣，增加知识、提高综合素养也有着不可轻视的作用。比如配合阅读文化，定期在校园里设计和举办系列的主题阅读或者书香校园活动等，常见的活动形式如下：

（一）征文

读书征文是一种最常见的阅读活动形式。学校就某一特定主题发起阅读活动，根据年级段设定阅读书籍及目标，征集读后感文章，鼓励学生把自己的读书感悟转化成文字，输入转化成输出，以读书感想为中心，写出自己从书中获得的感想，表达自己的阅读体会，培养孩子们的思考能力，批判性思维及写作能力。不仅是在学校，市教育局、国家相关部门都会定期举办读书征文活动，学校一定要鼓励孩子们多多参与。例如，南京市举办的"故事大王"就是特色鲜明的活动。

（二）书签（借阅卡）制作展示

把与阅读相关的实物如书签、图书借阅卡根据孩子们的想法具象出来也是一个非常有意思的事情。"笔架沾窗雨，书签映隙曛"书签是穿行于书中的精灵，蕴含着浓浓的书香内涵。好的书签才能体现出校园的独有特质。一枚小小的卡承载着孩子们对书的热爱、理解和感悟。孩子们可以自由发挥想象力，设计自己喜欢的图案和内容，通过手绘、电脑软件设计等形式展现出设计内容，在小小的卡片上展现自己的创意，输出自己的思想，把这美丽个性的小物件夹在自己阅读的书籍中，怀着对知识的敬仰之情，轻轻地翻到阅读的那一页——细细品读。

在2021年我党成立100周年之时，佛山市图书馆联合深村小学举办了以"童心向党"为主题的书签设计大赛，作品同时在佛山市图书馆少儿阅读空间进行展出。这个活动不仅传递了阅读文化，丰富了孩子们的校园生活，更是通过这样一种形式调动孩子们对于书的热爱，铭记中国共产党百年奋斗的光辉历程，激发孩子们的爱国之情，传承红色基因。

（三）课外阅读知识竞赛

以课外阅读知识竞赛的形式来做阅读活动，既能提高孩子们的参与度，又能增加阅读趣味激发孩子们自主学习，链接与阅读有关的其他知识。例如，举行诗词大赛，学校先确定好诗词的主题，飞花令（月、柳、花、山、水、叶等）、四季、山水田园等元素，然后对主题涉及到的诗词数据进行归类划分范围，语文课本、《小学生必备古诗词 80 首》《日有所诵》都是非常好的参考资料。准备好范围后备课组长带领竞赛小组成员出题，设计比赛规则；学校宣传组及班主任发动孩子们参加，并以社团或班级为单位进行培训及训练等。

（四）图书跳蚤市场

每个孩子都有一本看完了却舍不得丢掉的书，每个孩子都有别的书可能会很好看的想法。开展以学生为主的图书跳蚤市场活动，不仅能引导孩子们体验分享图书的快乐，培养孩子热爱珍惜书籍的习惯，让知识因为流动而绽放更加耀眼的光彩，更是在收集与销售图书、制作宣传海报、图书定价、图书推销等环节中锻炼孩子们的组织、沟通交流与团队协作能力。北京市八十中学嘉源分校在 2021 年举办的跳蚤书市中，以班级为单位，以团队协作的方式进行分工合作，有艺术特长的同学负责制作宣传海报，性格外向的同学负责现场推销，热情招揽客户。甚至还有精彩的才艺展示，如弹古筝、空竹表演等来吸引客户，充分展示自己团队的竞争力；还有同学别出心裁地设置抽奖箱来吸引大家购买图书。值得一提的是，这次的图书跳蚤市场所得的款项收入，学生们全部捐赠给了希望工程，为公益事业贡献了一份力量，也体现了新时代少年的担当！这种有意义的读书活动非常值得推广和学习，希望我们祖国的孩子们都能感受到阅读与分享带来的乐趣，将爱读书、爱分享的精神传递到每一所学校。

（五）朗诵、小品、相声展演

很多学校都会有语言艺术类的社团，学生们阅读完整本书后，可以在书里提取内容或在书籍的内容上进行艺术加工，通过朗诵、小品或者相声等语言艺术形式表现出来。比如读《小王子》一书，孩子们可以在教师的指导下，根据某一场景提取出素材，进行剧本或脚本创作，通过语言表达出来。这种表现形式生动具有趣味性，把阅读与表演、创作和思考有机地结合在一起，这是融阅读的一种过程，不再是追求单一答案的过程，而是注重知识获取、技能拓展、生活体验、情感体验的过程。深圳市举办的"我最喜爱的一本书"演讲比赛，吸引了众多小学生参加，他们用生动活泼的语言，从容自信的演讲姿态诠释了自己对喜欢的书的理解。

（六）读书手抄报大赛

一份精美的手抄报，需要孩子们认真阅读并理解书中的内容，把书中喜欢的内容转化成自己可传播的文字、图画等，还需要孩子们懂得如何搜集信息，有一定的审美基础，充分锻炼孩子阅读能力、实际动手能力、手脑并用的能力及写画结合综合能力。羊城晚报的经典青少年品牌项目就是"羊城晚报手抄报创作大赛"，这是一项面向全国中小学生的公益赛事，多年来得到广大中小学校、家长和小读者的支持，自开办至2021年已经举行了26届，无数中小学生参加，仅在2021年，国内赛区就吸引了270所学校8万名学子参加，共收到初赛作品3万余份，670名选手成功入围决赛。小主编们以小少年的视角看大中国的变化，围绕党的百年征程故事展开，追溯民族复兴潮流、寻找英雄故事、追寻红色记忆、感悟革命精神、展望中国梦蓝图，讲述党的故事，讲述中国的故事。在第二十六届大赛的颁奖典礼上，广东省关心下一代工作委员会副主任黄小玲表示："羊城晚报手抄报活动，坚持开展26年，已经成为了该报社的特色品牌，得到众多中小学校、家长与小读者的支持。"她说："青少年在体验文字魅力，享受办报乐趣的过程中，关注社会、关注生活、关注未来，用纯真浪漫的笔调，热情讴歌在中国共产党领导下，祖国山河壮丽、文化绚丽、生活靓丽、心灵美丽的美好景象，增强了文化自信。"

（七）评选类活动："阅读之星"评选、"书香班级""书香家庭"等评选

书香阅读活动离不开阅读评价体系和激励机制，这样才能持续促进学生们对阅读的热情和积极性。学校可以进行阅读专项能力检测，定期为学生进行阅读能力的评估，考查学生的阅读理解力、学习能力和批判性思维能力。或是统计学生的阅读情况，制定评选标准，每学期或学年进行一次阅读典礼，在仪式上表彰阅读上表现出色的学生、班级甚至是家庭。深圳市百仕达小学积极开展阅读评选活动，设立了各种奖项，如"阅读小达人""阅读小学士""阅读小硕士""阅读小博士""书海泛舟奖""小作家""最具阅读潜力奖"等富有个性和激励性的荣誉称号来表彰和激励学生。

（八）真人图书馆，名家进校园

真人图书馆的理念源于丹麦哥本哈根，是通过读者"借"一个活生生的人交谈，获得更多的见识的活动，直面作者的真切体验是阅读纸质图书无法获得的直接感受。邀请作家进校园就是在学校里开展真人图书馆的一种形式。作家为师生开展讲学活动，分享成长故事，传授写作方法，讲述创作背后的故事，给孩子带来无穷的力量，提高孩子们的阅读热情。温州市少年艺术学校每学期至少邀请两位作家进校园，近年来邀请了沈石溪、秦文君、黑鹤、萧萍、谭旭东等知名作家，营造浓郁的阅读氛围，让孩子走近名家，爱上阅读和写作。

（九）举办儿童阅读论坛

举办儿童阅读论坛是促进学校与学校、城市与城市、国内与国际之间进行阅读文化交流的一种有效形式。按照实施方式来说，小到班级与班级之间的交流，大到国家与国家之间的交流，而学校起到的作用就是整个书香阅读文化中的基本元素，通过元素之间的碰撞组合，推动阅读的发展进步。

在阅读教育上颇有建树的北京市清华附小连续举办国际儿童论坛，搭建起儿童阅读的国际交流平台，引进国际先进的阅读理念，展示名师阅读教学，与国内外知名作家对话。2014 年、2015 年、2018 年清华附小召开了三届北京市国际儿童阅读大会，在大会上清华附小展现了对阅读目标化、系统化的探索，以及对民族，世界经典文化的传承，落实多维度整体育人的教育理念。大会还吸引了众多国际知名作家，如英国作家罗伯·比尔达夫，中国台湾作家林小杯，国际知名分级阅读专家理查德·安德森，安徒生获奖者世界插画大师安东尼·布朗等，这些大师们带来了国际视野及多元化的阅读理念和思想碰撞。

——本章节部分案例参考《书香校园建设经典案例》

（十）书内书外融合阅读活动

佛山市三水西南中学创办于 1981 年，从 1986 年开始，学校就开展了校园读书评书活动，"书香校园"早已成为这所三水龙头初中的名片。"然而，随着时间的推移，传统的活动形式难以适应新时期学生的学习需求，许多孩子仅仅为了完成书评任务而阅读。真正喜欢阅读，而且能够深层次阅读的孩子并不多"，西南中学校长蓝翠芳说，"究其原因，主要是学生缺乏阅读时间、阅读方法、阅读渠道和活动缺乏吸引力。"

2016 年，西南中学与广东省新华发行集团共建新华书店·西南中学智慧图书馆。西南中学的智慧图书馆内设精美的藏书区、整齐的电子阅读区、优雅的读书吧、酷炫的机器人创客空间以及学术气息浓厚的学术报告厅，还有中小学电子阅读平台、数字图书馆、图书查询系统。借助信息平台，西南中学每年都会开展一系列阅读活动，阅读活动安排具体到每天，如每天阅读半小时、每周撰写一篇阅读笔记等；同时邀请康震、林清玄等名师名家到学校开讲，打造名家阅读讲坛。

2018 年，北京大学教授、儿童文学作家、中国首位国际安徒生奖得主曹文轩再次做客三水西南中学，将其几十年的写作经验分享给到场的师生，为这所坐落于水韵之城的名校带来了文学的熏陶。栽下梧桐树，引来金凤凰，西南中学相继迎来林清玄、周国平、康震、波儿、曹文轩等一位又一位名家的到访。"学生阅读经典的过程就是和名家对话，通过'名家进校园'活动让孩子们在潜移默化中提升文化内涵和文化自信。"西南中学校长蓝翠芳说道。

在学校里，孩子们可以静静地阅读实体书籍；也可进行阅读讨论、成果展示；更可参与名家讲坛。

实体书籍、电子书籍、名师讲坛，西南学校实现了书内书外的复合阅读，将阅读行为拓展至目、耳、视、言的多重享受。学校 30 多年如一日地打造书香校园，坚定文化自信，坚持将传统优秀文化教授给莘莘学子。西南中学以书香、科技、体艺为主线，多年来培养了一批又一批全面发展的卓越少年。

——本案例摘自《佛山日报》、[①] 佛山文明网

读书活动是让阅读持续发生的保鲜剂，也是融阅读"生活即教育、终身学习和泛在学习"理念的一种实践形式。读书活动以丰富的有声的书香环境促进阅读发展，让孩子们真正做到以书籍为伴，以读书为乐，以读书为荣。

第二节 融读到书本外更广袤立体的空间中去

说起孩子们的阅读，你会想到什么样的场景？我们可能会想到窗明几净的课室，想到校园里整洁有序的图书室，孩子们通常就在这些地方静静地阅读。但如果让人联想一下，最能代表儿童气质的场所是哪？你更可能会想到操场，是草地，孩子们在操场上奔跑追逐，释放自己无限的精力。比起图书室，似乎广阔的户外天地更得孩子的欢心。这是因为中小学的孩子正处于活泼好动的时候，他们对新事物感到好奇，喜欢游戏和未知的风景。固然有部分孩子喜欢独处和安静，专心阅读大半天也不是难事，但是对于大部分孩子来说，这样在学校里某个封闭的空间静静阅读，是一种束缚。如果强求孩子这样做，不但很不利于对孩子阅读兴趣的培养，也会压抑孩子的天性。

那么对于那些本来就对阅读感兴趣的孩子来说，在教室里默默读书是否就是最好的阅读方式了呢？不尽然。书本上的内容是对经验的复现和总结，是基于现实世界的想象，如果孩子们没有一定的生活经验和对现实的观察，那么阅读所能带来的学习是很有限的。所以，融阅读倡导的阅读融入校园，并不只把孩子的阅

读限制在教室中，固定在板凳书桌上。融阅读希望构建一种"和融"为主的校园阅读文化，即阅读要跨越学科、跨越空间、跨越主体、跨媒介融合、创造性地开展各项融阅读的读书活动，在校园内实施"五育融合"范式和特色活动。

鲁迅曾经说过："务必和实际社会接触，使所读的书活起来。"阅读经验要和学生的所见所闻融合起来，这样文字才能焕发出它的生命力来。这与融阅读的理念不谋而合，融阅读鼓励孩子们把书本带到校园之外去读，并不是出了校门学校和教师就不再管了，恰恰相反，学校和教师要引领学生跨空间阅读，与学生的所见所闻相结合地去阅读。

融阅读倡导的校园阅读文化，是推倒了"教室边界"的阅读，它鼓励教师和孩子们走出教室，不仅仅可以在图书馆的桌椅上读，还能在操场上的草地上阅读，在画室的画板前阅读，在文化馆、科学展馆里阅读，在人文、自然景点里阅读；甚至在企业、农场、科研单位里阅读。简而言之，广阔的天地都是孩子们阅读的地方。

小学语文课本五年级上册里有一篇名为《松鼠》的课文，是一篇描写大自然中小动物特质的说明文。但是在城市中长大的孩子们却鲜有机会见过真正的松鼠以及松鼠的生活环境，那么文中松鼠的灵动可爱、身体矫健或许就很难去体会；对于文章中介绍的松鼠的食物杏仁、榛子、榉实和橡栗，孩子们更是没有见过它们原始自然的生长状态，甚至不了解它们是长在树上的还是埋在地下的果实。

在老师讲授文章《登天都峰》时，孩子如果连一座小山丘都没有爬过，那么登山所需的勇气和坚毅或许就很难被理解。还有许多的文字教孩子们热爱自己的祖国和家园，但如果孩子从小就生活在自己家的小天地里，不曾见识过祖国的大好河山，也不曾感受过民族的深厚文化，那么再华美的文字都会失去它的力量。

融阅读倡导的校园阅读文化，是一种跨越校园空间的学习方式，也是知行合一的真切实践。学校教师定期组织学生们去城市的博物馆、文化馆、科学馆等机构去实地研学。在出发之前，教师先引导孩子们阅读跟参观游览内容有关的文章，做好准备之后在各种各样的场馆里，孩子们能一边读一边观察一边体验，一边看一边回想之前阅读的内容。例如，在佛山四大岭南园林代表之一的梁园去看非遗项目香云纱的展览，孩子不仅能在展馆里面看到香云纱的关于历史、制作的文字介绍和生动真实的图片，还能看到不同香云纱的光泽和色彩，甚至有的能用手摸，去感受香云纱的质感。此外，还能与展馆里专业的讲解员沟通互动，了解更多有关香云纱的知识和小故事，丰富孩子们的观展体验感。这些体验给孩子留下的印象是鲜活的，是比起传统的阅读更高效的学习方式。

融阅读让孩子们把阅读体验和生命体验结合在一起。文字阅读促进对环境的理解，生活体验又反过来促进对文字内容的理解。这需要学校和教师做好指引的作用，带领孩子们将两者互相交融，促进孩子们认知能力的螺旋上升。

第三节 "五育并举"的跨学科融合式学习

我们现在的学校教育制度是以十六、十七世纪在欧洲兴起的班级授课为起点的，其重要的历史背景之一便是欧洲现代科学的迅速发展，以牛顿《自然哲学的数学原理》为代表的经验自然科学基本理论体系的初步奠定。在这样一个大时代背景下，班级授课制度为主的学校教育有特别明显的特征，就是将知识教学作为一个非常重要的任务。在夸美纽斯及其之后的时代，"把一切知识教给一切人类"是近现代学校教育最重要的理想之一。受此影响，学校教育如今已经慢慢形成了一个重要的教育思想传统，我把它称为"知识中心主义"，即在教育过程中一切以知识为中心。

这是一个世界性的问题，是现代学校教育的一个基本问题，知识变成了一切教育活动的中心，一切都围绕知识来做，因而逐渐导致我们对智慧的教育和精神的教育这两个更高层次教育的忽视。其表现之一就是以理智认识的教学成果取代完整的教育成果，把考试分数作为评判人的全面发展的核心的甚至唯一的标准。实际上，即便就知识教学而言，考试分数也不能完全代表一个人对知识的掌握和运用能力。举个例子，判断某一个人是不是爱国者，你无法通过题目考试来判断，学生回答出题目不代表这个知识真正成为了他内在精神的一部分。知识必须变成人的智慧，变成人的更高层次的精神之后，才能真正地变成内在的本质力量，变成一个人的能力。对智慧教育和精神教育的忽视所造成的一个最大的时代后果，就是培养了一大批我们常说的"有知识没有文化"的人。

在常识教育层面上，教育教会一个人作为正常人在社会中生活；在知识教育的层面，教育是教给人关于这个世界的理智知识；教育只有达到智慧的层面，才能帮助人把学到的知识变成他自身真正能够认识世界、改造世界的能力。在此基础上，教育更高的境界，即教育的精神境界，就是要引导人把关于世界和自身的认识，转变成自己的一些基本信念和思想原则，建立一个完整的世界观和人生观。

需要强调的是，这里所说的教育四重境界，并不是指从小学到大学不同的教育层级，而是指在所有层级的教育活动都有可能达到的不同层次。哪怕一个小学教师教一个孩子"1＋1=2"，也会涉及这四个层次。你可以把这一知识当作生活常识来教，也可以作为"理智认识"从一般数学意义上来教，还可以从提高孩子运用数学知识去认识和改造世界的能力的角度来教，甚至可以从帮助孩子建立从数量关系的角度认识客观世界的基本观念体系和思想方法来教。

现在，从管理部门到校长，我们对教育的管理，也存在着只重视知识层面的教育而忽视更高层次教育的问题，其中一个最主要的问题，就是把针对知识教学的简单的、片面的评价指标作为全面衡量教育的标准。人的发展包括众多复杂要素和不同维度，其中有很多东西甚至科学目前还很难做出精确的测量。人的发展还是一个长期的、复杂的过程，很难用某一次考试成绩来进行评价。常言道："十年树木，百年树人。"既是说培养人不容易，也是表达了一条教育的基本规律。以考试成绩取代全面的教育评价标准，这种急功近利的教育观，违背了人才培养的基本规律，因而不可能取得成功。

关于"教育的四重境界"，我的简要解释是：常识层次的教育使人具备作为常人应有的知识和技能，从而能在社会中正常生活；知识层次的教育教给人关于自然界和人类社会的理智认识，这种理智认识是可以系统化的；智慧层次的教育帮助人将所学的常识和知识等转化成自身认识世界和改造世界的能力，使客观外在的常识和知识真正变成自己主观世界的一部分，并形成相应的实践能力；精神层次的教育使人能够在更深层次上认识和理解事物的规律，并建立自己思想的基本原则和基本信念。

受到教育片面化和低层次化的影响，我们在教育过程中往往只强调"知"的方面，而不大关注"道"的问题。学校教给学生的"知"是不完整的"知"，而只是"知"的较低层次，因而不是真知。如果仅通过试卷答题来判断培养爱国者的教育是否成功，那么这种教育培养出来的爱国者往往也是假的爱国者。一个人获得了关于爱国的知识，他还一定要在纵向上完成向智慧和精神的提升，才能真正形成爱国的精神，从而才能培养出真正的爱国者。

中共中央、国务院印发的《关于深化教育教学改革全面提高义务教育质量的意见》指出，坚持"五育并举"，全面发展素质教育。强化德育、智育、体育、美育和劳动教育应有地位，突出德育实效，提升智育水平，强化体育锻炼，增强美育熏陶，加强劳动教育，促进学生全面发展。

教育在横向上的"德、智、体、美"四个方面，与其在纵向上的"常识、知识、智慧、精神"四重境界，是从不同的分析角度认识教育的理论结果，在具体的教育活动中是相互统一的整体。这也就意味着，教育活动是否达成了四重境界的贯通，也往往会直接影响到教育活动是否能够真正实现"五育并举"。同样，真正的"五育并举"，也必然要求我们的教育活动实现四重境界的贯通。

清华附小窦桂梅校长在清华附小 1＋X 课改成果展示课后讲道："整合能力，是当下教师非常重要的一个能力。"这里的整合能力指的是整合资源、整合学科的能力。

学生平时在课堂上学习到的一两篇课文，无法让学生对某一个认知对象获得更立体全面的认知。而清华附小的 1＋X 课改，在主题教学的引领下，除了主题单篇经典的教学，还有群文阅读教学、整本书阅读教学、主题研究以及主题实践活动。

就如窦桂梅老师以《父亲》为主题的群文阅读教学。在课堂上，孩子们阅读对比赏析了朱自清的《冬天》和李广田的《悲哀的玩具》两篇文章里两位截然不同的"父亲"形象。经过思考和交流，孩子们分别得出了：朱自清笔下的父亲是温和、慈爱的，而李广田笔下的父亲是严厉而冷酷无情的两种结论。随后，语文老师在黑板上用数学课的表现形式画了两根正负坐标轴，借助这个几何工具，孩子们可以用图表的形式数据化直观地感受到两个父亲形象的巨大差异。

如果是一般的教师，教学到此已经是接近尾声了，可是窦桂梅老师却引领着学生继续探索，两位"父亲"形象真的是如你们所认为的吗？为什么两位父亲的形象差异这么大？在这里，窦老师说了一句意味深长的话：没有思辨，哪有提升？

接下来她开始带着学生进行深度学习和跨媒介学习。给学生提供了丰富的资源：朱自清的另一篇经典散文《背影》，李广田的《礼物》，以及两位大师的女儿的采访视频。

孩子们在这些课外资源的帮助下，慢慢体会发现，原来两位作家笔下的"父亲"远比他们一开始所认为的更为饱满立体，他们就像我们自己的父亲一样，有温柔慈爱，也有严厉和苛刻。孩子们也开始理解，为什么父亲有时候那么严厉无情，不爱表达。

在学校里的一堂阅读课上，如果只是简单的一两篇课文的学习，那对孩子的知识汲取和成长是远远不够的。这就需要教师去准备大量的素材和资源，去用心整合，去提炼、挖掘，带给孩子完整的，多线条的，立体的课程还原。就像融阅读倡导的，阅读不应该局限于小小的语文课上，学习要实现教育资源间的整合、学科间的整合，同一个主题引领，各学科进行联动，各种教育媒介的融合，打破分数教学的壁垒，给孩子们更完整、更有趣的学习体验，让孩子的学习和生活融合成一个有机的整体。融阅读全面推进全科阅读，不仅体现在课程上，也是学校全体教师和学生共同进行参与的活动，阅读绝对不仅只是语文教师的事，所有学科教师都是阅读教师。

孩子在中学阶段面临着升学的挑战，学校里的学科学习也是他们需要解决的最主要的问题。而"融阅读"从不脱离学科，孩子在"融阅读"中习得的知识与能力也将助力他们的学科学习。

如果我们的教育仅限单一、僵死的知识的灌输，即便接受再多的知识，也不代表我们的教育成功了，培养面向未来的人才也就永远只能停留在梦想阶段。在教育实践过程中，我们既要以"五育并举"为基础，也要重视教育的整合和链接性，教育唯有从"常识、知识"走向"智慧、精神"，才能成为真正符合其本质的规定性的完整的教育。

第四节　融校园的阅读评价

《基础教育课程改革纲要（试行）》中指出：建立促进学生全面发展的瓶颈体系。评价不但要关注学生的学业成绩，而且要发现和发展学生多方面的潜能，了解学生发展中的需求，帮助学生认识自我，建立自信。

融阅读从学生对阅读的态度、能力、学习方法等过程及结果上进行综合评价，重过程观察，轻结果导向是融阅读倡导的评价原则（见表4-1）。

表4-1 清华附小阅读课程评价

评价内容	对待阅读的态度	是否态度端正、认真；积极主动去阅读
	学习能力	阅读分析能力、概括总结能力、阅读联想能力、批判性思维、阅读表达能力、与人协作沟通能力
	学习方法	搜集、整理、分析资料方法、归纳总结方法
	学习结果	完成阅读内容、完成读后学习任务的质量、有材料积累、有读后展现形式（如读书笔记、演讲、手绘报、跟图书内容相关的手工品等）
评价方法	过程性评价	带动学生在阅读中多看多积累，激发阅读兴趣；通过图书馆阅读课、整书阅读
	综合性评价	阅读分析能力、概括总结能力、阅读联想能力、批判性思维、阅读表达能力、与人协作沟通能力
	结果评价	搜集、整理、分析资料方法、归纳总结方法

一、年段梯度螺旋发展

过程性评价与终结性评价相结合。共读每一本必读书，学生通过个性读书展示的方式交流阅读体会与感悟，每一份作品就是不同学生的差异与多元发展的过程性记录。

"读书报告单"是一学期结束的终结性评价，它紧扣年段阅读规律，依据年段目标"低年段，激发兴趣，感知形象；中年段，获取信息，想象联想；高年段，审美体验，赏析思辨"比较系统地、科学地评价学生的阅读能力。

二、常态智能化阅读报告

清华附小每学年定期开展"主题全学科阅读"问卷调查报告。该调查报告从学生的角度，主要对阅读动机、阅读多样性、阅读策略、阅读转化、学生阅读书目五个方面的现状进行分析。

当然，对孩子阅读的评价方式还有很多种，可以有相互的问答，还可以和孩子就某个问题讨论，让孩子讲讲自己的感受，适当适时鼓励孩子，学校要学会使用多种资源，多与其他家长或教师交流如何对孩子正在读的书进行评价。评价的目的在于更好地帮助孩子们获取知识和养成良好的阅读习惯，而绝不是让孩子感觉读书是一种负担。

第五章　融社区——打造未来教育常态化模式

2006年，中宣部等十一部委联合发出全民阅读倡议，标志着我国党政部门推动全民阅读步入常态化阶段。自2012年起，党的十八大历史性地将"开展全民阅读活动"写入报告，把"开展全民阅读活动"作为扎实推进社会主义文化强国建设的重要举措，作出了战略部署。书籍是文化传承和文明进步的阶梯，在充满巨大进步的现代社会，发达国家纷纷把读书作为提升国民素质的基础工程、增强文化软实力的战略工程，充分调动公共资源和社会力量进行强力推动。

联合国教科文组织出版的《公共图书馆服务发展指南》指出："阅读、书写和使用数字的能力是一个人积极融入社会、成为社会一员的先决条件，阅读和书写也是利用新的通信系统所需的最基本技能。"组织开展全民阅读活动，是提高大众阅读能力的重要途径，对于文化水平较低的人，提高其阅读能力对于他们的发展尤其重要。

朱永新教授认为："阅读能力的高低，直接影响到一个国家和民族的未来。当前许多国家已经把全民阅读作为重要的国家战略。对此，我国也应该尽快行动起来，采取多种措施，比如成立全民阅读指导委员会，设立国家阅读节，加强各级图书馆建设，开展各类读书活动等，大力推广全民阅读活动，提升国人的阅读水平。"

全民阅读是一项基础性、系统性、长期性工程。根据我国新闻出版研究院公布的第十次全国国民阅读调查成果显示，2012年我国18~70周岁国民图书阅读率为54.9%，比2011年上升了1个百分点；数字阅读方式的接触率为40.3%，比2011年上升了1.7个百分点。国民人均每天读书时长为15.38分钟，比2011年的14.58分钟增加了0.8分钟。

俄罗斯有"最爱阅读的国家"的美誉。1.4亿俄罗斯人的私人藏书多达200亿册，每个家庭平均藏书近300册。与美国、俄罗斯等国家相比，我国的阅读水平还有很大差距。以纸质图书为例，2012年我国国民人均纸质图书阅读量为4.39本，仅比2011年增长不到0.04本，远低于韩国的11本，法国的8.4本，日本的8.5本，美国的7本。与我国每年近40万种的出书品种相比，我国国民人均纸质图书阅读量显得格外低。

融阅读希望加强社区阅读文化，从思想、文化知识、审美情趣、心理素质、人际关系、环保意识、阅读及学习习惯等方面提升学生、社区居民的文明素养；提升全民阅读的覆盖度、便利度及深度。阅读如何融入社区，如何形成家、校、社共同阅读的氛围，如何让孩子们在阅读中接触真实，我们一起来看看优秀社区是怎么做的。

第一节　社区阅读的重要性

随着现代化社会的高速发展，人们生活水平的提高，人们更加关注生活质量，也更加关注精神世界的追求。一个民族的思想基础和文化价值体系的建设离不开阅读，建设共同的精神家园更离不开阅读。虽然，近年来，我国各个方面都获得了突飞猛进的发展，但是就国民阅读来说，人均阅读量普遍偏低，甚至处于世界平均值以下。在这种情况下，当学生离开学校环境之后的大部分时间都在家庭所在地的社区度过时，倡导社区阅读频率、质量、范围和覆盖面的提升就显得尤为重要。融社区阅读不应只是去配合融阅读，更应是融阅读体系当中非常重要的一部分。

季羡林说过：天下第一好事是读书。因为人类保存智慧只靠两种，一是实物，一是书籍。人的能力能够不断提高，是因为人能够看书学习，完成直接经验和间接经验的积累。读书不是万能的。但读书可以丰富我们的阅历，提高我们的能力。我们应该像尊敬母亲、专注恋人、真情交友、虔诚拜师那样，去追求知识，喜爱读书。

读书是学习并获得间接知识的重要途径，是把他人知识转变为自己知识的过程。因此，读书是获取智慧的重要来源。只有讲究科学的方法，运用熟练的技巧，才能提高读书的效率，获得更多更新更有价值的知识。

阅历，指一个人接触事物的众寡和经历世事的多少。如启从父亲禹那里直接学到治水技术，李白、杜甫游历名山大川，科学家考察神农架、南极，公司董事和相关项目负责人到欧美、澳大利亚考察市场，普通人结婚、生子、教子，为生计忙于奔波，都是关于工作和生活的阅历。学校教育阶段坐在课堂里向书本学习，走上社会后结合生产生活方方面面，继续向书本学习，这是人除直接经验外可叫作间接经验的一种阅历。

习惯上来讲，阅历不包括学历，因为学历有它的特指，指一个人接受初中、高中、大学教育，取得学士、硕士、博士学位等。还有资历，它评价一个人定向性和规定性的经历资质，也不单纯等同于习惯所称的阅历。我们可以把直接经验、间接经验都归纳称之为是人的一种阅历。我们重视把人的阅历与能力联系起来加以考察，是因为人有哪些方面的阅历，就有可能造就哪些方面的能力；一个人经历世事多，肯读书，善学习，就有可能获得精明强干或出类拔萃的能力。无论从哪一方面看，丰富书本知识，以强化知识储备来提升我们的能力，作用是显而易见的。同等情况下选择一种更为有效的方式自觉训练，比如看书学习，应是一种不可或缺甚至更为重要的人生阅历。

肯读书，善学习，包括阅读大量的文学作品、人物传记，更包括通读或精读思想家探究自然、社会、人生的著作，阅读指导我们生产生活的科普类读物和专业技术类读物、政策汇编、法律读本等，同时亦注重从网页、专辑、电视讲座、专家辅导报告这些生动的再现文字思想、形象图解书籍成果的多种形式和载体中获得有益学习，恒久坚持，理论结合实践，如此循环往复，终有那么一天，我们会突然发现个人的理解力和思考力会有较大幅度提升。

朱永新教授在《未来学校：重新定义教育》这本书里提出了关于未来学习内容的一个新主张——大量压缩学习内容。他认为，现在学校里教的课程最多保留 50%，把另外 50% 的时间还给学生，让学生自我定制学习、自我建构学习。对于学校来说，砍掉 50% 的课程谈何容易？但实际上，砍掉 50% 都是保守的。2015 年，世界教育创新峰会（简称 WISE 峰会）对全世界的教育家做了一个调研。问卷上的问题是："你认为现在孩子要学习的这些知识要保留多少？"大家猜猜最后的答案是多少？平均数只有 17%。这一调研结果，几乎彻底颠覆了我们对学校学科知识的认知。那么，学生在学校以外的生活和活动中获取的知识、阅历无疑是在学校学习的最有力补充。而阅读是实现这些的简单易行的形式。学生除了在学校，其余在自己所在社区和家庭的时间一定是最多的，那么在社区中落实阅读，尤其是亲子共读、邻里共读、伙伴之间的共读是意义重大的。前文提到的读书的重要性，在社区这一空间中发挥作用更大，带动更多群体间的融合。

朱永新教授提出的未来学习中心是没有围墙的校园，甚至是虚拟的网络空间。学习中心可以是类似于传统中小学的学习机构，也可以将其设立在社区、科技馆、博物馆、图书馆或者大学里。只要能够提供丰富的学习资源和良好的学习环境，任何地方都可以成为未来学习中心。如果社区可以承担阅读的功能，在阅读中融入科技、博物、人文、自然等融阅读的内容，那么社区就是一个新兴的学习中心，在未来学习样态中承担着重要的角色。

融阅读是一种创新的阅读方式，它打破时间、空间、主体、对象和介质的界限，那么在社区中开展读书活动，把学生的学习拓展到学校之外，一定是融阅读重要的学习形式之一。

第二节　主体之融——家校社共读

家长在社区阅读中有相当重要的两方面作用。首先家长本身应该是自发推动融阅读在社区中推广、发展的重要推手，其次家长需要做到与孩子共同阅读，也就是与孩子互动。

党的十八大报告提出了全面建成小康社会的宏伟目标。其核心是"全面"和"持久"，即追求多领域协同发展，不分地域、不让一个人掉队、不断发展和不停发展的全面小康；其内容是"五位一体"，即建成经济、政治、文化、社会、生态文明的全面小康，是不可分割的有机整体。要建成小康社会，享受小康生活，首先要过上平安健康的生活。而平安健康的生活则来自于在生活中拥有最基本的知识和常识。我们常常可以看到，有些人和家庭因为安全或健康出了问题，导致整个人生和家庭都不幸，因残疾而穷困，因病痛而潦倒，同时也给社会增加了很大的负担。还有些人涉黄、涉赌、涉毒、涉黑等，有些人被骗、被盗、被暴力侵害、被传销坑害、被邪教毒害等，从此陷入人生和家庭的不幸。而这些都是因为人的基础信息不够，没有常识，父母没有起到知识传递和教导的作用。这也是阅读的重要意义，因为只要在社会中生存，不管你是谁，多大年龄，都需要有最起码的信息获取能力和最基本的常识。而融阅读的社区属性，就是能够最大化地、长时间地让家庭受益。

我们国家全民的阅读量能够逐年增加，这也是我们社会进步、文明程度提高的十分重要的标志。把阅读作为一种生活方式，把它与工作方式相结合，不仅会增加发展的创新力量，而且会增强社会的道德力量。而在社区中推广阅读，家长可以发挥相当重要的带头作用。

最简单的融阅读社区活动就是各位家长把自家孩子读过的图书拿出来放到一起，跟其他家庭进行定期的图书分享和信息分享，这就是社区图书馆的雏形。对于城市图书馆来说，这种家长带头组建的社区图书馆雏形虽然相对简单且内容较少，却是最快速最便捷的。城市图书馆中很多书籍并不适合孩子直接拿来阅读，尤其是孩子在不能理解某些书中内容的时候，孩子就很难获得乐趣。而阅读的乐趣对于孩子来说是最重要的培养阅读习惯的因素之一。

而家长的另一个带头作用就是带头阅读。所谓言传身教，如果家长能够了解给孩子推荐的阅读内容，看过孩子阅读的书籍，则可以更加正确地、有针对性地对书中的一些观点进行引导，而这种引导会是非常有效的。同时，跟孩子一起阅读也会是非常好的一种亲子活动。美国心理学家、哥伦比亚大学心理学博士沙法丽在《父母的觉醒》一书中写道，"孩子不需要父母的主张、期望、权威与控制，父母需要做的仅仅是调整身心，在每一个当下与他们和谐相伴。"父母给予孩子的和谐陪伴不是你在沙发上玩手机、打游戏而叫孩子在一旁读书、写作业；也不是孩子在户外活动而你远远地看着做自己的事。真正有价值的陪伴是与孩子一同沉浸在一件有意义的事情之中，从父母孩子的不同角度获得各自的成长。

孩子不仅需要父母在生理上对他们进行养育，心理上的养育更是帮助孩子获得完善人格的重要途径。家里的冰箱可以给孩子装满各种营养美味的食物，玩具柜里可以给孩子放满各种有趣生动的玩具，衣柜里可以给孩子挂满保暖御寒又漂亮的衣服，但是用什么来供养孩子的精神成长呢？除了父母无条件的爱，那就是书籍。李玫瑾老师在《幽微的人性》中说道："心理抚养需要亲自抚养，那么我们还必须知道，在父母的亲自抚养中，你的孩子就在复制抚养者的观念和性格，复制他最亲近的人的各种行为方式与态度。"

胡适曾经说道："我在我母亲的教训之下住了九年，受了她的极大深刻的影响。我十四岁就离开她了，在这广漠的人海里独自混了二十多年，没有一个人管束过我。如果我学得了一丝一毫的好脾气，如果我学得了一点点待人接物的和气，如果我能宽恕人，体谅人——我都得感谢我的慈母。"

父母陪伴孩子的过程，就是给孩子做出榜样的过程。以身作则、言传身教，是我们能给孩子最好的教育。与孩子一起成长，是家庭教育路上最美好的风景。再优秀的父母，在陪伴孩子学习的过程中也要不断进步，努力跟上孩子的步伐，才能做好孩子的引路人。

在融社区内，孩子的自发阅读习惯不同于学校和家庭的场景。在学校的阅读对孩子来说是功课，是不得不完成的事。在家庭中的阅读往往也跟学校的课业有关。而融社区中的阅读则不同。在社区中，孩子会有机会与学校之外的成年人和同龄人互动、沟通。社区图书馆提供的书籍往往也不一定跟课业有关，反而可能是各种主题和内容的书籍。换句话来说，这里的阅读可能是最丰富、最有趣，但也是最不"必要"的。但是，伴随终生的阅读习惯却更可能来自融社区中的阅读，因为在孩子成年之后的很长时间，可能都没有类似学校这样"强制"性要求阅读的场景，就好像我们每天的工作和生活，阅读本身不是必需的，或者说占比不高。而在成年后的阅读习惯，则主要来自于所谓的"不必要"的阅读。正是这种不必要性，才能真正让孩子更好地体验到阅读带来的乐趣。

融阅读所提倡的主体之融，就是打破孩子单一的读书群体，让各个学科教师、邻居、学伴、父母等一同融入进来。在《走向学习中心——未来学校构想》一书中，朱永新教授提出父母的角色变化，父母要成为未来学习中心的管理者、参与者、施教者。在许多新教育实践学校、新父母课堂，邀请父母成为施教者已经成为共享家庭教育资源最重要的形式之一。与阅读结合，家长成为"故事爸爸""故事妈妈"开展阅读活动，不仅为丰富课程特色资源提供了多样化的途径，也通过亲子共读提升了孩子的阅读兴趣，给家庭亲子时光增加了幸福的底色！

父母用自己榜样的力量，去唤醒一颗幼小的种子，用自己的实际行动来潜移默化地影响孩子，让种子生根发芽、枝繁叶茂，长成参天大树。

第三节 "融阅读"社区图书馆模型

社区图书馆是知识传播、知识普及、宣扬现代化思想、推进精神文明建设、促使人们树立终身学习意识的主阵地。随着现代化社会的高速发展，我国加大了文化设施建设投入，改善了广大居民的阅读环境。然而，能够静心阅读的人越来越少，尚未形成良好的阅读习惯，由此可见，全民阅读的推进具有显著的现实意义。在知识经济深入发展阶段，人们形成终身学习、全民学习的意识具有重要意义，社区图书馆便可以充当推进全民阅读的平台，在良好阅读氛围的搭建下，逐渐养成良好的阅读习惯，使得人们能够陶冶情操，丰富精神世界，促进精神文明社会的构建，同时推动我国现代化社会的发展。

融社区阅读最重要的场景则是社区图书馆。那么一个理想的社区图书馆有什么样的特点呢？

一、书籍来源和书籍类目的多样性

社区图书馆在发展的过程中拥有多样化的图书来源渠道，不仅有公共图书馆的服务延伸，还有自身构建的发展模式；不仅有财政拨款的支持，还有多元化的筹措资金途径。与此同时，社区图书馆存有多样性的图书分类特点。与校级图书馆、公共图书馆比较，社区图书馆相对较小，还存有多样化的图书。其多样性主要体现在能够满足不同层次、不同年龄读者的需求，能够为众多读者提供阅读服务。书籍是丰富的信息来源。阅读不同主题的书籍也会帮助我们更加深入地了解这一类别。每当你读一本书时，你都会学到一些本来不为己所知的新知识。

在书目选择上，清华附小副校长、清华附小清河分校执行校长王玲湘也给出了自己的建议：除了选择经典书目，还要考虑阅读的序列性，即要考虑不同年龄阶段的阅读水平和阅读兴趣以及成长需要，接着是趣味性、个性化。"今天教育最大的挑战是个性差异。面对每一个个体，家长怎么和学校一起了解孩子成长中的痛与需求？适时给他久旱逢甘霖一般的书籍才是有价值的。"而社区是孩子们除了学校外生活和聚集在一起最多的地方，小伙伴的家长们也有很多机会碰在一起，对孩子们需要的书籍和阅读的需求进行交流和分享，把想法意见汇集给社区图书馆工作人员，也可以做图书漂流活动，捐出自己家里闲置的图书集中在社区图书馆，彼此分享知识。这些书籍都是各个家庭需要的喜爱的，社区图书馆的平台为家庭读书提供了更多的选择。

社区图书馆可以牵头列一个书单，而这个书单是可以根据藏书的增减随时变化的。家长如果跟孩子的学校沟通就会发现，好的学校都有推荐的阅读书单。教育部、各种阅读科研课题附录、阅读特色学校都有不同年级段的推荐书单。不同地方推荐的书单各不相同，但涵盖量都会很大，童话、诗歌、小说、散文均有。而在书的选择上，一要听取教师给孩子同年龄段的建议；二要根据孩子的阅读习惯和喜好；三要尽量各类图书都有所涉及，拓宽知识面；四要重点精读一些名著作品。

书籍类目在社区图书馆也可以做到更多样化，更贴近生活。比如可以多设置

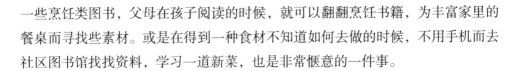

一些烹饪类图书,父母在孩子阅读的时候,就可以翻翻烹饪书籍,为丰富家里的餐桌而寻找些素材。或是在得到一种食材不知道如何去做的时候,不用手机而去社区图书馆找找资料,学习一道新菜,也是非常惬意的一件事。

二、独一无二的娱乐属性

相比公共图书馆、校级图书馆,社区图书馆还有一个特点便是娱乐性。公共图书馆面对的是复杂的受众,服务范围更加广泛;高校图书馆面对的则是高学历层次的受众,相对来说更加专业。而社区图书馆主要面对社区居民,服务对象固定,服务区域固定。就实际现状来说,大多数社区图书馆都设置在社区文娱场所,因此具备强烈的娱乐性。书籍是娱乐的绝佳来源。喜欢阅读的人永远不会感到无聊,因为这是摆脱厌倦的完美方式。随着书籍到另外一个不同的世界,你可以充分放松和释放活力。

比如很多社区图书馆与社区活动中心或者小区里的运动场地连在一起,如果父母与孩子在社区里打羽毛球,那么不妨去社区图书馆找找羽毛球训练的书籍,可以学习一下羽毛球的技法、体能锻炼的技巧等。也可以带孩子翻阅一些羽毛球冠军或在体育竞技上卓有成绩的人物故事,让孩子在书籍中获取打羽毛球的乐趣,通过一些小的知识点积累去辅助羽毛球的学习锻炼。

三、推行多样化的阅读方式

(一)通过多样的活动吸引读者参与

可以根据社区读者情况开展丰富多彩的活动吸引读者注意力,为他们营造良好的阅读氛围。例如,针对青少年可以展开"读书征文""美文赏析""书香家庭评选""故事妈妈之星"等活动,以此巩固他们的阅读知识。针对儿童群体还可以开展亲子阅读活动,增强亲子之间的沟通交流,构建和谐的家庭关系,促使家长更了解孩子,再者可以有效增加家庭阅读时间,促使家长更加重视阅读。

(二)推行信息化服务

为顺应信息时代的发展趋势,社区图书馆必须发挥网络的作用,充分利用网络阅读资源,可以构建共享平台,为读者提供网络借阅服务,促使他们在家便能够浏览社区图书馆的相关信息,增强读者阅读体验,整体提高阅读能力。

除此之外,或许很多人都认为阅读就是读书本。其实看一个好的电视剧、一个好的电影、一个好的专题片，听一个评书，又何尝不是一种阅读呢？阅读的核心是受到思想启迪，接受知识滋养，获得精神进步。

融阅读的媒介之融推行的就是利用各种媒介，如影片观看，手机里的听书APP，微信公众号优质公众号阅读等进行的综合性阅读。对于读书来说，文字可以发挥想象力，天马行空，而电视、电脑里的动态片段是直接给予的。有的孩子，或许就是在看电视剧，专题片中对相关内容感兴趣，又去阅读图书，从而喜爱上阅读的。我之前任教学校的一个小学三年级的孩子，现在在看《明史》，就是因为无意中在家里看了《大明王朝》电视剧，对情节和历史人物产生了兴趣。然后发展到看历史小人书，现在不仅看原著，而且还带着父母去图书馆买回《细说明朝》《朱元璋传》等来研究，暑假还要求父母带他去北京看看故宫和始建于永乐年间的北京明长城遗址公园。通过多种方式，特别是孩子喜欢接受的生动有趣的方式，不失为一个扩大孩子阅读兴趣和层次的重要抓手。

此外，我国网民人数和手机用户数均排在世界前列，手机阅读已经悄然兴起，逐步成为继纸质媒介、广播电视和互联网之后的"第五媒体"。在这种情况下，我们应关注前景无限的手机阅读，促进手机阅读健康发展。所以，不赞成把其他渠道，如看影视剧、看电脑当成阅读的对立面，通过这些渠道获得的正向的、有利于孩子们成长的内容也是与读书彼此互动和相互促进的。

四、融阅读社区案例

2021年，上海市张江镇孙桥社区获评国家级的"书香社区"。获评国家级"书香社区"，离不开张江图书馆孙桥分馆（孙桥图书馆）的建设。秉承"智慧""科创""活力"的办馆原则，孙桥图书馆致力于擦亮科创底色，厚植本土文化，并与孙桥社区一同推出各类阅读文化活动，吸引社区、校区、科创园区的各类群体的融入参与，营造浓厚的书香氛围。特色品牌活动包括"浩妈悦读书房"亲子阅读、暑期"图书小管家""书香张江·幸福家庭"书袋漂流、"READ 40 HOURS|张江悦读40小时"全民品读季等。

在孙桥社区与图书馆的共同努力下，"书香张江·幸福家庭"书袋漂流已举办了4届，吸引近千名社区居民参与。它的意义在于让图书在素不相识的人之间传递阅览，让更多的人受益。活动中，每个书袋中放入不同类别的图书、1本笔记本和1支水笔，笔记本上有活动介绍和图书内容简介，书友在笔记本上留下阅读体会，在书袋漂流中以书会友、分享阅读的快乐。在夏夜举办的"帐篷悦读嘉年华"活动，则把居民引出家门，带着居民在书中穿越时空、回溯过往，为传统纳凉习俗赋予新的文化生机。

面向青少年，"浩妈悦读书房"亲子阅读分享活动一经推出，参与名额总是被"秒杀"。活动除传统的绘本故事分享、儿歌律动、手工制作亲子互动外，还通过"阅读＋"进行拓展，根据主题设置认知环节和宣传环节，让孩子们在游戏的同时增长知识，开阔眼界。

暑期"图书小管家"由孙桥图书馆与浦东图书馆合作举办，为10至16周岁的青少年提供社会实践活动平台。"小管家"们每周连续五天在图书馆开展志愿服务，引导读者文明阅读、协助管理员排书上架、整理图书，服务满15小时，并提交服务日志，优秀图书"小管家"将受到表彰和奖励。

通过社区的统筹与引导，家庭的参与配合，孩子们在社区中亦体验着阅读，亦将阅读转化为主动参与、自主管理的一个生活项目。

——本案例摘自浦东发布官方微信

五、"融社区"阅读新场景

对一个民族而言，阅读是一个长久的文化传承过程，文字所承载的信息和语言是涵养国家文化血脉的重要媒介。茅盾曾说："他应当一边读一边想所经历的相似的人生，或者一边读，一边到现实的人们生活中去看。"任何教学理念只有应用到实践中才能实现其价值和意义，阅读亦然。

除了学校，家庭与社区也是阅读的重要主体。融社区阅读新场景营造社区归属感，作为连接人气的纽带；构造的书香空间让孩子们在阅读中接触真实的生活，形成家、校、社区共同阅读的氛围。以下两个社区图书馆案例已经在国内运行了很久的时间，取得了一些值得借鉴的成功经验，也在侧面说明了"融社区"阅读新场景的可行性。

（一）社区图书馆的成功案例

一起悦读俱乐部位于北京市朝阳区华严北里社区华亭嘉园，读书会主题涉及人文社科各领域，并积极响应社区居民需求，注意紧跟社会热点。在2019年中，一起悦读俱乐部致力于扎根社区做阅读，并通过组织流动书展来惠民生。一起悦读俱乐部通过利用自己丰富的嘉宾资源，如《青年文学》主编张菁、中国社科院哲学所博士后景满华、北师大文学院讲师孙海燕、首师大《语文导报》执行总编董文、北京三知困难儿童救助服务中心总干事魏佳羽等人，在多次社区读书活动中都担任领读嘉宾，为社区内的读友们领读行业内的经典和热门书籍。

在 2019 年的世界读书日期间，一起悦读俱乐部参与北京阅读季首都全城尚读系列活动（北京阅读马拉松），在 4 月 20 日举办的北京阅读马拉松活动，延续每年"阅读挑战＋特色活动"相叠加的方式，在当天下午安排了"罗尔德·达尔主题分享会"，由北京阅读季金牌阅读推广人杨子湘老师领读，从《查理和巧克力工厂》到达尔的其他作品，全面认识这位童书作者及其作品。9 月 8 日，一起悦读俱乐部再次和华严北里社区居委会合作，举办了"阅读家流动书展请进社区暨开学季阅读主题活动日"活动，在书展停留期间同步举办了绘本故事和开学季书单推荐，既丰富了社区文化，又为居民们的阅读需求提供了便利。9 月 21 日，以"在收拾物品中认识真实的自己——共读《断舍离》"为主题的读书会，活动紧跟时下年轻人的生活新潮，紧密贴合社区居民的生活需求。

（二）服务家庭和学校，深耕阅读教育

2019 年，一起悦读俱乐部将活动重点转向儿童阅读教育。3 月初开启了针对 9~12 岁少年儿童的"愉阅时光少年成长小说领读系列"的第二季，升级了嘉宾团队，邀请北师大孙海燕老师和《语文导报》的董文老师重磅加入，同时在选书上继续精益求精，12 本经典图书为孩子的成长助力。3 月底与西城区第一图书馆合作，发起针对 7~9 岁的"启阅儿童阅读成长计划"，启发和带领小学低段儿童开启整本书阅读之旅，由儿童过渡到可以独立阅读成长小说的少年，完成阅读与成长的双重飞跃，并已完成 6 本经典童书的共读，场场爆满，备受好评。此外，今年夏天还举办了"北大阅读课"领读者培训，聚焦新课改，着手学生校内外阅读的补充方案，温儒敏、曹文轩等名家亲自授课，向近 200 名学员播撒阅读的种子。

（三）走向社会，服务企业，拓宽阅读推广

2019 年，一起悦读俱乐部在"书香楼宇系列读书会"项目中，走进枫蓝国际大厦、新州商务大厦、中盛大厦，为站点工作人员、社区居民、企业白领们举办读书会，从经济学畅销书《大国大城》，到心理学畅销书《盔甲骑士》、热门书籍《断舍离》，赋能楼宇街道文化空间。

（四）促进行业对话，注重跨界联合

2019 年 9 月，一起悦读俱乐部创始人石恢老师、运营总监苏林老师出席第四届读联会阅读智库沙龙，交流书店的多样的经营业态。一起悦读俱乐部注重行业间的联结与合作，在儿童托管机构（如小山鹰成长中心）、公共空间（如西城区

第一图书馆、飞芒书房）、杂志媒体（《小读者之友》杂志）中，都有一起悦读的合作伙伴，也积极和其他阅读组织（顺义爱阅团、桃园书馆）联合举办活动。理念方法可复制，催生新生读书品牌，一起悦读俱乐部的活动模式经长年实践总结具有良好的可复制性，从成人读书会模式脱胎而来的"愉阅时光"系列获得成功后，又成功举办了"启阅"系列活动。今年夏天，一起悦读俱乐部与顺义爱阅团合作，将两个儿童系列活动移植顺义，再次获得顺义区读友朋友的认可。

（五）社区图书馆的成功案例

书房是承载进步种子的文化圣地，如果将书房融入公共空间，则无疑是城市里最温暖的灯火，也是一个城市的文化地标和文明高地。

近十年，"城市书房"在全国各地开花。这些"小而精"的城市书房，以其运营形式更灵活、服务模式更开放的特点，不仅满足了个体阅读需求，也通过感染和传播将良好的阅读习惯融入整个城市的日常（图5-1）。

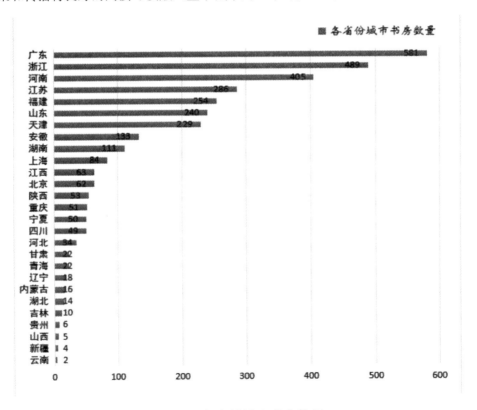

图 5-1　各省份城市书房数量

（五）遍地开花的城市书房

书房以书为媒、以读为缘，或散布在公园内，或设置在社区附近，在为读者带来便捷、舒适的阅读体验感的同时，也成为了文化休闲、文化产业的聚集地、新地标。

（六）让书房动起来

琳琅满目的书籍，整齐地摆放在有质感的书架上，瀑布流电子阅读屏和AI光影阅读机科技感十足，简洁大气的布局营造出温馨的阅读氛围，临窗而坐，抬头就能将窗外葱茏的绿意尽收眼底……芜湖市正构建"15分钟阅读圈"，这些城市书房或藏于绿意中，或处于闹市旁，或位于小区边，或居于古城中，在丰富市民阅读文化生活的同时，也让城市充满人文气息，变得更有温度。

但如何才能保持城市书房长久的生命力，让阅读真正融入社区？

芜湖市确定了城市书房"1 + 3"服务功能定位，即：提供免费阅读"1"个核心服务功能，具备文化活动、文化展示、文化休闲"3"个基本服务功能，选择文创空间、市民小剧场、便民服务等特色服务功能。书房通过四季阅读、本土作家讲坛、名家讲芜湖、名家名著导读等方式，寻找"领读人"团体，开发阅读服务产品，谋划阅读公共服务项目清单，为市民阅读提供"点单"服务。

静态的阅读空间只有"动"起来才有生命力，而"动"起来依靠的就是包罗万象的活动。如赤铸书院打造"芜湖故事妈妈团"活动；占川书局构建了一个活动体系：包括读书会、电影分享会、作家讲堂、艺术展览、产品体验等20多个门类，以及国庆、春节等节日的主题活动和公益活动；樾江书苑，开在居民集中之地，创新打造了"城市书房＋市民文体中心"的模式。每一间书房，都涉及市民生活的方方面面，让阅读呈现多元的、家社融合的状态。

——本案例摘自澎湃新闻、光明网、橙市互动、温州市文旅局相关报道

第四节　国外的社区读书活动推广案例

一、方法一：派发购书券推动青少年读书

每年的4月23日是"世界读书日"。设立世界读书日的建议由西班牙提出，其灵感源自西班牙加泰罗尼亚地区的"圣乔治节"。每到节日，加泰罗尼亚的妇女们就给丈夫或男朋友赠送一本书，男人们则会回赠一枝玫瑰花。据说这一习俗

源自当地一个传说：勇士乔治屠龙救公主，并获得了公主回赠的礼物——一本书，象征着知识与力量。由此相沿成习，如今每到世界读书日，书籍会减价 10%，有时作为节日礼物，书店还会回赠买书者一朵鲜艳的玫瑰。

二、方法二：志愿者赠书给不常阅读的人

相比世界读书日的 17 年历史，世界读书夜是个新生节日。法兰（国际书商协会理事长）介绍说，世界读书夜从 2010 年开始举办，最初只在英国地区，如今已推广到爱尔兰、美国和德国。去年 3 月 5 日，世界读书夜以"读书的一百万个理由"为主题在英国举行了一次规模庞大、形式新颖的图书赠送活动。与以往的赠书活动不同，出版商、书店这一次只负责提供图书，将图书赠送出去的则是自发报名参与的 2 万名志愿者。这些被称为"赠书人"的参与者每人选择 48 本书，在 3 月 5 日这天晚上，以自己喜欢的方式把书赠送给任何一位或多位不常阅读的人。

三、方法三：名人效应鼓励全民阅读

法兰还提到一种叫作"抓住阅读（Get Caught Reading）"的竞赛，该竞赛是由美国出版商协会发起、全国性的公共服务活动，意在激发人们阅读的兴趣。每年 5 月是"抓住阅读"月，但相关的庆典将持续一年。如今，这项活动已被数百位名人支持。由于美国市民对名人的生活非常关注，活动会邀请一些名人进行拍照，特别是阅读书籍的照片。法兰介绍说，把这些照片和海报放到美国的每一个角落去，市民看到那些歌星、球星、政治家在读书，会感觉到名人的这些正能量来自于阅读，并且读书会让人出名，从而培养对阅读的兴趣。同时，为吸引学生的参与，竞赛策划了几项活动：安排一个两代人之间的读书日；邀请老人访问学校；为学生安排一次到当地老年活动中心参观的机会；让学生自己选择书本介绍给长者；邀请成年人与学生分享有意思的故事；每月开展一个与访问学者的对话；提供一份阅读指南，介绍最新出版刊物，并将多余书籍捐赠给其他家庭及社区儿童医院；随手抓拍正在阅读的学生，也可以让学生组织一个"随手拍"竞赛组织，抓拍同伴或社会机构的成员读书的瞬间，并进行展示。对于出版商，法兰介绍说，零售商和批发商将被鼓励一同合作开发最有效的运作计划。从特别展示到名人海报，每一位零售商可以自行制订计划来实现社区参与的最优化，以及当地出版销售的最大化。例如，计划可以是一个食品或服装类的期刊专题，当顾客购买期刊

后，一部分利润将捐赠给当地的扫盲识字计划。法兰表示，"抓住阅读"由行业倡议，促进推广了文字认知，突出了读写能力的培养。这个倡议为零售商和批发商提供了客户源，强化了他们与社区之间的关系。

阅读是消灭无知、贫穷与绝望的终极武器，我们要在它们消灭我们之前歼灭它们。

——《朗读手册》

我们得知道什么是读书，为什么需要读书，以及读书对于人生的意义。一个民族的思想基础和文化价值体系的建设离不开阅读，建设共同的精神家园更离不开阅读。全民阅读能够整体提高国民素质，融社区阅读新场景的推进是一个循序渐进的发展过程，只有不断创新发展才能够将阅读变成常态。

第六章　融自然——融入自然，在自然中成长；融入文化，做有根中国人

人是自然的动物，人的生存与发展离不开自然，人的学习和成长也离不开自然，然而现代社会中的孩子却离自然环境越来越远了。美国作家理查德·洛夫在他的畅销书《林间最后的小孩》中提出过一种名为"自然缺失症"的现象，指的是现代城市儿童与大自然的完全割裂，这种割裂会给孩子的身体和心理带来危害，比如让孩子变得孤独、焦躁和易怒。

当代青少年的心理问题之一就是对真实世界无兴趣，这个真实世界就包括了自然环境。缺少与真实世界的接触，既是青少年心理问题的原因，也是一个结果。生活在城市中的孩子，少有与自然环境深度接触的机会，满眼都是钢筋水泥与规整的道路，没有用手摸过泥土与植物，也不认识周围的花鸟鱼虫，这是非常违背人类自然天性的。

而阅读和自然环境是脱节的，大家普遍认为阅读是发生在室内的封闭活动，因此阅读没有与自然环境的连接起来。虽然也有介绍自然的书籍，但是这些内容是静态的知识，书里没有引导孩子如何用读到的知识去观察自然，参与自然。而家长和教师本可以作为桥梁来连接两者，但也因为意识和方法的不到位而缺席了。

德国著名教育家弗里德里希·福禄贝尔在150多年前创办了世界上第一所幼儿园，幼儿园的英语意思就是"儿童的花园"。福禄贝尔主张让孩子自主活动，自我发展，让孩子和周围环境、社会、自然结合，协调一致。全球教育质量排名第一的芬兰就很好地践行了福禄贝尔的主张，芬兰幼儿园里普遍有"森林活动"，孩子们在教师的带领下在森林里自由探索、玩耍，并在不知不觉中学到自然科学方面的知识，获得身体锻炼，还增强了团队合作的能力和抗挫折的能力。

近年来在国内也有自然教育课程和研学活动的出现，还有的学校在校园里认真经营起了小菜园，说明已经有人意识到阅读与自然结合的必要性，但自然教育的理念还需要加大普及力度。让阅读带领孩子走到自然当中，用真实的体验去丰富自己的心灵，这样的学习才更有意义，也更快乐。

我们希望，孩子们能从小课堂走向大世界。

我国（统计不含港澳台）已经拥有 5 家国家公园，3000 余家 3A 级以上的自然类景区，14 处世界自然遗产地，4 处世界文化和自然遗产地，40 处世界地质公园，274 处国家地质公园，87 处国家矿山公园，899 处国家湿地公园，2750 处自然保护区，3505 处森林公园（其中 901 处国家森林公园），137 处国土资源科普基地，84 处野外地学观测研究基地，还有更多的风景名胜区、省级地质公园等，它们为国人接触自然科普旅游、自然研学、自然游憩提供了越来越大的可能性和越来越大的多样性（图 6-1~图 6-3）。

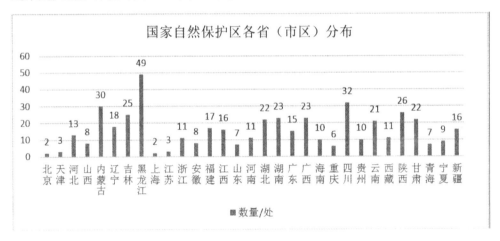

图 6-1　国家自然保护区各省（市区）分布

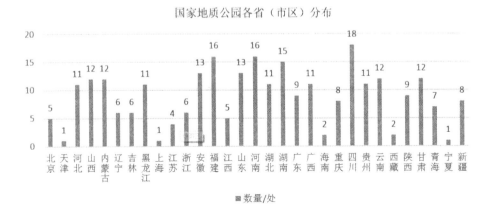

图 6-2　国家地质公园各省（市区）分布

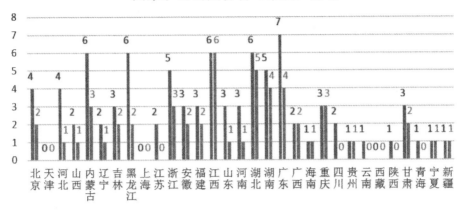

图 6-3　国家矿山公园各省（市区）分布

第一节　为什么要通过融入自然来教育孩子

造就最好人才的秘密，就是在野外成长，与大地一起作息。

——美国诗人　惠特曼

童年时这种与自然接近的经验，足为我一生知识的和道德的至为强有力的后盾。

——林语堂

随着 3C 产品（计算机、通信和消费类电子产品的总称）的不断升级，越来越多的人患上了"自然缺失症"。为了让我们的下一代在自然中真正"玩"起来，并从玩中学到知识，从 2013 年开始，中国出现了很多自然教育机构，运用好玩而有趣的体验式学习方法，让越来越多的家长和孩子们加入自然教育的活动体验中，并让自然教育成为传统教育的有力补充。

自然环境教育是一种更宽阔的视野，教育和引导学生热爱自然、热爱环境、热爱生活，使学生能与自然环境、人文环境、社会环境相融合，把个人融于群体，使个性与共性和谐发展。因此，自然环境教育是现代学校德育教育的有机组成部分，是对现代学校德育的重要补充。

一、自然教育激发孩子的创造力和认知能力

在小学阶段，孩子们具有探索自然的强烈动力，"融阅读"也鼓励将阅读与自然万物融合起来。孩子长时间待在室内，沉溺于短视频、游戏的刺激中，却感受不到四季的变化、万物的可爱，这是非常令人遗憾的，且不利于孩子的身心健康发展。

目前有许多面向孩子的关于自然万物的书籍、杂志，这些阅读内容能够拓宽孩子对自然的一些认知，但是要感受自然，亲身体验是最重要的。

要感受自然，不一定要去名山大川旅行，在我们身边也有自然的存在，比如校园里的盆栽、花圃、大树，比如家附近的小公园的花鸟鱼虫，这些都是自然。家长和教师可以引导孩子认识身边的事物，并且指引孩子去观察它们，比如看它们的叶片是什么形状的，看它们随着季节流转有什么改变，辨别有多少种小鸟的叫声，等等。只要留心，会发现"一花一世界，一草一天堂"，简单的事物里也蕴藏着许多生命的神奇。甚至成年人也能在和儿童观察自然的过程中感受到心灵的平静。

小学语文教材中有"观察日记"章节。家长可以使用一些巧思，将写作进行拓展，比如日常生活中吃剩的果核，可以留下来让孩子尝试种植，然后用文字、照片、视频来记录，最后给植物的生长制作一个"纪录片"，孩子就是这个纪录片的"导演"和"制片人"，再将"纪录片"放到网上分享，放大孩子的成果。这样一颗小小的种子不就变成一个丰满的作品了吗？孩子在这个过程中不仅感知到了种子生长变化的过程，还能获得来自不同人群的肯定与鼓励。这是孩子与自然进行的一次有趣交流，也是孩子与社会进行的一次联结。

当家长带领孩子出去玩耍，自然便能与阅读融合。比如要去海边玩耍，可以让孩子读一首海子的《面朝大海，春暖花开》，也可以给孩子布置小任务，给孩子一本儿童诗集，让他寻找一首关于大海的诗歌；对于基础较好的孩子，还可以让他以眼前的风景为素材进行诗歌的创作。不过需要注意的是，这些融合不能太强硬，否则会让孩子产生抵触心理。有一些家长带孩子出游，要求孩子一定要写够若干字的游记，这反倒让孩子失去了探索兴致。

孩子的求知欲和探索欲很强，在大自然中生活、学习、体验与挑战，能够让孩子与自然环境近距离接触，通过五感获得对天地万物的感性认识，为不同学科的学习提供初步认知，激发和唤醒孩子在自然环境中的创造力。通过接触大自然，

丰富孩子们的自然经历，提高孩子们的认知水平，一个丰富的、开放的自然环境，会持续地激发孩子们的创造性。孩子们的创新想象力是我们难以估量的，当他们在与大自然生态密切接触后，对大自然认真研究后，可能会对生态系统的保护贡献自己的奇思妙想。

二、自然教育帮助孩子亲近自然，树立保护自然的意识

地球的环境问题日益严重，对孩子展开自然教育，让他们走进自然，亲自体会大自然面临的危机，引领孩子建立与大自然的联结，让孩子亲近自然、爱上自然，激发对自然的保护意识，从而自觉形成节约意识、环保意识，在实践生活中深切体会风能、水能等自然生态能源对日常生活的影响。

（一）自然环境中的环境不道德行为

由于缺乏人与自然和谐相处的理念，有些青少年在家中饲养各种野生动物，甚至捕捉野生动物为美食，或以折磨野生动物为乐；有些青少年随意践踏草坪和破坏绿化。其实，这恰恰反映了这些青少年对生命的漠视和环境道德的缺失。

（二）社会环境中的环境不道德行为

随着人民物质生活的水平日益提高，过度消费已成为一些经济发达地区的一种主导的生活方式。青少年是家庭中的宠儿，往往成为过度消费的"主力军"。例如，他们中有的因大吃大喝而营养过度；有的为追求时尚而过早过快地废弃尚能使用的物品；有的为了生活便利而追求"一次性用品"等。另外，时下的青少年在公共场所随地吐痰和乱扔口香糖残渣、废旧电池等现象也已司空见惯。

（三）社会大环境的影响

目前，我国对环境保护虽很重视，但在单一经济利益的驱使下，环境意识还未真正深入每一个人心中，一些地方仍为污染项目大开"绿灯"；环境教育虽已在各层面铺开，但由于缺乏对环境道德的内化，其实效性和持久性极低；再者，长期的、传统的"人类中心主义"思想对青少年环境道德的影响也是不容忽视的。

（四）学校教育的重"知"轻"德"

当前的升学考试使部分学校环境教育渗透到相关学科教学中，这是青少年环境道德缺失的另一个重要原因。试想：一个缺失环境道德的人要是走上社会，经商则可能唯利是图而选择假冒伪劣；办企业可能带来环境污染；务农则可能带来生态破坏；从政则可能为了"政绩"而盲目追求GDP，并为此支付昂贵的生态成本、健康成本和人文成本。

三、自然教育让孩子学会自主探究生活，助其探寻生命的本质

孩子在大自然中享受清新的自然环境，接触多彩的自然景物。通过亲近大自然，孩子们充分接触和感知自然环境，能够磨练心性，开阔眼界，建立与大自然的深刻联结。现在的学校大多有学期中的研学活动，虽然疫情时期，防疫的任务不允许我们跨省出行，但是在区、县、市内小范围的设计一些自然户外活动还是可以实现的。也可以由家长自主地选择一些专业的自然教育机构，让孩子在参加活动时结识一些新的朋友，并在户外活动中共同培养对大自然的热爱。这种多样性、开放性的自然教育通常鼓励社交互动，在精心设计的活动中，联结同伴来完成游戏活动，有些活动也会让孩子独立完成，让他们挑战自我，突破自我。由此可以启发孩子养成社会性感知与知识、道德、习惯，更可以帮助孩子放松释放情绪，探寻生活与生命的本质。

自然教育是一门涉及自然科学和社会科学的交叉学科，我们不难发现在自然教材中有许多涉及环境的内容，也有很多涉及人文历史的内容。这些内容不仅是课本上读书学习到的，更是在广袤自然中体悟感受到的。自然教育可以让孩子们在了解人与自然、动物的关系时，增强保护环境的意识，从小养成爱护环境习惯。

自然教育不仅帮助孩子树立环保意识，提高对自然对相关知识的理解和认知，提升孩子们的创造力、协作力等综合能力，更关乎环境的未来，关乎教育的未来。

第二节 融自然对学生的环保教育

1972 年斯德哥尔摩人类环境会议是全球环境教育运动的发端，会议强调要利用跨学科的方式，在各级正规和非正规教育中，在校内和校外教育中进行环境教育。随后环境教育开始体现在各国政府工作中，并逐渐形成全球性的环境教育行动。

2015 年 1 月，联合国教科文组织世界可持续发展教育大会在日本名古屋和冈山召开。大会发布的联合国教科文组织《全球可持续发展教育行动计划实施路线图》，明确强调要从两个方向推进可持续发展教育：将可持续发展融入教育；将教育融入可持续发展。

这一教育新视野强调了发展可持续未来所需知识和技能的一种整体的、跨学科的方法，以及价值观、行为方式和生活方式方面需要进行的改变。这需要我们

对教育进行重新定位，以使所有人能够以符合文化和当地情况的方式进行决策和行动，进而解决威胁到我们未来将会面对的共同问题，如环境恶化、全球变暖、国家冲突、贫困、人口增长、人权问题等。目前我国环境教育作为可持续发展教育的重要主题，正处在发展期。它可以是在学校里正式的课堂教学内容，也可以是非正式的课堂外，发生在自然中心、植物园、研学基地等场所里。此外，环保教育更是可持续发展、跨学科教育的重要内容，与融阅读未来学习新样态的理念形式不谋而合。

一、环保教育要深度挖掘课本教材内涵

课堂教学是向学生传授基础知识及基本技能的主要场所，也是渗透环境教育的主阵地。由于教材中并没有专门列项注明环境教育的内容要点，因此教师在教学过程中，要善于挖掘教材，凡是能涉及环境教育的渗透点都要挖掘出来，将环保教育渗透其中，做到有机结合、适时适度。

小学自然教材中，都选取了动植物主要特征的知识，使学生能认识周围环境中常见的生物。也选取了一些初步的遗传、进化，使学生初步了解生命的起源和生物的发展，生物具有多样性和生物之间的相互关系以及生物与环境的关系等。使学生能认识生物与其环境之间的相互关系，保持生态平衡、防止环境污染和保护动植物资源的重要意义。环境教育渗透的主要内容有：世界及我国动植物资源的状况、我国的环境状况、可持续发展的理论、环境保护的必要性、有关环境保护的一些法律条文等。

在课堂教学时，教师可以用发现教学法，通过问题预设、情境创设与启发诱导等方式，以引导者的身份让学生对教材中的环保内容产生探究兴趣，激发学生的学习兴趣从而主动探索。

二、开展社会实践活动

除了课堂教学这个主阵地外，课后活动或是研学外出活动也是进行环境教育的好课堂。在利用好课堂教育进行环境教育渗透的同时，应结合自然的特点，在开展第二课堂活动的时候，进行环境教育。开展环境调查活动，到学校附近工厂进行参观，认识环保工作等。我所任职的联和吴汉小学附近就有很多工业区，可以带领学生结合环境污染、食物的污染、水源污染等进行教学，使学生懂得食物中毒的预防方法，也懂得环境保护的重要性。通过了解我国动植物资源遭受破坏

情况，了解环境污染的现象及其危害，懂得环境保护的迫切性和长期性，懂得从我做起，养成从小爱护环境的好习惯。

而且还应了解基本的环境科学知识，了解"酸雨""臭氧层耗损""温室效应""白色污染"等环境专业术语名词，弄清产生这些污染的原因及对策；最主要的是要培训教师课堂渗透环保知识的能力。把环境教育列入到课外活动中，带领学生进行校园植物的调查，到塑料、棉纺、水泥、化工等工厂进行参观访问，到植物保护区考察等。通过这些活动，学生的环境意识得到了很大的提高，也成为环境宣传工作的好帮手。

三、积极开设专题讲座

自然界有着千丝万缕的关系，如自然资源的利用、可持续发展、生物生存的空间环境等，都是学生较为感兴趣的内容。我在教学过程中，从报纸、杂志上收集了很多有关环境教育的资料，整理成一个一个的专题，协助学校做好环境教育宣传工作。如出墙报，协助搞好环境专题的手抄报比赛，利用一些特殊的日子举行专题讲座等。通过举办这些活动，学生对保护环境的认识有了很大的提高，大大地提高了学生的环保意识。自然教学中开展环境渗透教育，收到了可喜的成绩，学生学习自然的兴趣大大提高了，学生参与环境保护的意识也大大增强了。兴趣小组的同学到学校附近的工厂参观调查后，写了两篇调查报告，环保意识也大大加强了。学生们能自觉参与环境保护的宣传工作，积极参加做好学校的环境清洁保护工作，使校园的环境更优美。

环境教育是一门涉及自然科学和社会科学的交叉学科，很有必要加强环境教育的意识，平时注意多收集相关资料，为环境教育的渗透做好准备工作，以提高学生的综合素质。

环境教育的渗透要注意适时、适量。所谓适时，就是要在适当的时候才渗透，也就是讲到相关要点时才渗透，并非每堂课都要渗透。适量也就是度的问题。自然教学的主要任务是把自然基础知识和基本技能传授给学生。因此，渗透环境教育要适时、适量，不能本末倒置。

四、创设互相融合渗透的环境教育途径

宣传教育是对学生进行各种教育活动的途径之一。受教育者通过大量的宣传教育活动可以从感性认识上升到理性认识，从而再付诸实践活动。我校在环境教

育宣传活动中采取了看、听、讲相结合的方法，组织学生看环保展览、录像、VCD光盘。有些展览怕学生看不懂或理解不全面，我们就把展览录下来再配上解说，让学生边看边听以达到最佳教育效果。通过环环相扣的环保宣传教育，学生们开始有了居安思危的忧患意识，认识到他们的生活不仅有阳光雨露，幸福快乐，也有着严峻的环境问题正威胁着他们未来的生存，学生们开始萌发了保护环境的意识。

各学科教学融合及渗透也是环境教育的有效途径之一。比如科学、自然教师指导学生制作"保护环境，美化社区"沙盘；"减卡救树"宣传卡等。使学生懂得社区环境的好坏关系到每个人的切身利益，通过一些小举措就可以节省大量自然资源，使自然环境可持续发展。

参加丰富多彩的环保教育活动是学生最感兴趣的学习方式。学生在活动中最容易接受知识受到教育，因此以活动促环保也是让学生进一步明确环保重要性和迫切性的有效手段之一。以下是"学生生命与心理教育指导小组"的环保教育活动实施案例。

（一）参观考察活动

组织学生参观了百鸟园、麋鹿园、教学植物园、中国科技馆、自然博物馆、高科技种植园、中兴废品回收公司等。利用寒暑假参加中小学生大运河考察、"自然情怀"夏令营、小汤山温泉蔬菜基地绿色夏令营等。

（二）社区环保活动

每逢双休日、节假日，组织学生参加市区"绿色志愿者清扫日"活动，走上街头，插挂彩旗及宣传标语，向路人播放环保宣传录音，清扫绿地，捡拾白色垃圾，刷洗电线杆上的非法小广告，加入废电池回收活动，参与小手拉大手家庭"绿色生活承诺卡"活动。

（三）各种环保活动

组织学生参加全国中小学生环境保护知识竞赛、绿化美化保护环境系列教育跨世纪绿色行动，生命之树活动，中小学生"创新杯"生物知识竞赛等活动。

（四）环境和资源日纪念活动

每逢植树节、世界水日、地球日、环境日等环保日和资源日，我们都给学生组织有关的活动，如植树种草、环保画、环保手抄报比赛、节水方案设计、保护动物百人签名、青少年保护动物观点调查等。

（五）读环保书报活动

我们倡导学生读环保方面的书籍报刊，并要求写读后感。

（六）环保社会调查

组织学生到社区开展环境调查，调查人们对可持续发展观念的理解，对申办奥运的看法，对垃圾分类的看法，进行"用小眼睛观察大社会，小社区与申奥的差距"调查等。与清华大学环境与科学系的博士座谈环保新形势；与徒步万里黄河，倡导绿色文明的任佳雁座谈环境保护问题；向英国野生动物保护专家珍妮古道尔请教黑猩猩相关知识等一个个丰富多彩的环保教育活动。

（以上内容参考《学生的生命与自然教育》）

第三节　"融阅读"自然研学课程设计

一个世纪前，美国女作家弗朗西丝的名作《秘密花园》中，性格孤僻的玛丽，农家小伙狄肯以及常年被关在阴暗房间里病态快快的少爷柯林，在一片荒废院子里，找到开启快乐童年的钥匙。这本书为何经久不衰，引起了这么多共鸣？因为越来越多人发现，大自然就是人类成长中必不可少的"秘密花园"——自然有着神奇的治愈力量，可以教给孩子无穷无尽的知识。

2016 年 12 月，教育部、国家旅游部门等 11 个部门联合印发《关于推进中小学生研学旅行的意见》，第一次将研学旅行纳入中小学教育教学计划，并明确要求学校搭建一套完善的研学旅行活动课程体系。2018 年 11 月，广东省教育厅等 12 部门联合印发的《关于推进中小学生研学旅行的实施意见》正式实施。中小学生研学旅行指的是由教育部门和学校安排的，通过集体旅行，集中食宿方式开展的研究性学习和旅行体验相结合的校外教育创新活动，对象主要为小学四到六年级、初中一到二年级、高中一到二年级的学生。

自 2019 年 10 月 18 日教育部发布了高等学校高等职业教育专业目录，将《研学旅行管理与服务》列入高校专业设置。从 2020 年开始，研学旅行的专业化人才培养将从高校开始，2022 年，全国职业院校专业设置管理与公共信息管理平台公布了 93 家开设研学旅行管理与服务的院校。由此可以预见，中国的研学旅行事业即将进入专业化发展时代。

中国教育智库联盟新高考研究中心副主任郭建民在 2019 年第五届中国研学

旅行论坛上从新高考命题变化趋势和研学旅行未来发展侧重点角度，发表了《从新时代背景下高考命题变化趋势谈研学旅行未来发展》主题报告。通过展示高考试卷题，可以看出新高考考纲有三大变化：一是2019年开始"德、智、体、美、劳全面衡量"，从2019年高考数学"维纳斯身高"可见一斑；二是以立德树人为鲜明导向；三是以促进素质教育发展为基本遵循。未来高考侧重综合性与应用性相结合。

融阅读的自然教育理念就是把阅读与学科进行融合，五育并举，把阅读与自然、社区、学校、博物馆、科技馆等文化科技艺术等场所融合在一起，不限于书本、课桌及校园。所以，阅读结合研学旅行的学习形式是融阅读的重要举措之一。

融阅读自然研学课程依据学生发展核心素养设计研学旅行课程，补充学科核心素养的不足，推动学科间知识融合渗透，关注和培养学生团队协作能力、批判性思维、创新能力、鉴赏力和交流沟通能力。以广东省境内旅游研学资源星湖旅游景区为例，设计融阅读研学课程，希望孩子们通过探访家乡的大山大川，在游玩学习中感受祖国家乡之美，收获知识、能力与朋友。

一、自然研学旅行：星湖旅游景区研学课程

（一）行前背景知识学习

行前预学课程为融阅读教师整理采编的星湖旅游景区背景资料，包括七星岩、鼎湖山及星湖国家湿地公园的历史背景，延展出的学科知识等。此资料做成研学手册内容提前发放给学生，通过课堂教学的形式以班级为单位进行学习。

星湖旅游景区位于广东省肇庆市，2019年12月31日被国家文旅部评为国家级5A级旅游景区，是首批国家重点风景名胜区，广东省旅游名片。2020年7月获评为"广东省中小学生研学实践教育基地"，这里有着丰富的动植物生态景观资源、湿地景观和深厚的历史文化底蕴，一直以来都深受科研团队、学校和旅行团队的欢迎。星湖旅游景区包括七星岩、鼎湖山景区两大片区以及星湖国家湿地公园三大品牌，总面积19.527平方公里。其中七星岩素有"岭南第一奇观"的美誉，区内的国家重点文物保护单位——摩崖石刻是岭南地区保存得最多最集中的摩崖石刻群；鼎湖山是联合国教育科学及文化组织"人与生物圈"定点观测站、第一个国家级自然保护区；星湖国家湿地公园是肇庆的城市之肾，是中国南方数量最多的丹顶鹤野外繁育基地，还有众多天象奇观汇聚其中，被评为"中国最美的湿地公园"之一。广东的多所高校和中小学校每年都定点七星岩、鼎湖山进行科普

考察，邀请中科院华南植物园——鼎湖山自然保护区的专家作为导师专门辅导。

鼎湖山国家级自然保护区峰峦叠翠、古木参天、飞瀑流泉、鸟语花香，在北回归沙漠带上有这么一个生机盎然、碧绿青翠的世界实为奇观、弥足珍贵。鼎湖山是我国第一个国家级自然保护区，是我国首批世界生物保护圈，是联合国教科文组织人与生物圈（MAB）定位研究站，被誉为"活的自然博物馆"。其负离子含量为全国之最，享有"天然氧吧"的美称。鼎湖山保存着400多年历史的南亚热带地带性常绿阔叶林的原始次生林，拥有高等植物2500种，动物327种，昆虫980种。其中国家重点保护野生动物32种，国家重点保护野生植物23种，是华南生物种类的基因储存库，被誉为"北回归线带上的绿宝石"。鼎湖山国家级自然保护区从2017年年底就开始推广探究式研学旅行，每年服务学生约一万多人次。鼎湖山保护区根据自身的资源、人才和地理位置的优势，策划了"鼎湖山趣味观鸟""生态知识科普进校园""关爱留守儿童——鼎湖山保护区自然亲子游""化身森林守卫者——森林反盗猎活动""鼎湖山保护区探秘原始森林校外实践课程"等公益性的研学活动，活动形式涵盖讲座、野外观察、科学实验、分组讨论、手工制作、演讲等。

七星岩摩崖石刻因蕴藏着历史文献、文化艺术的重大价值，而被国务院列为国家级重点文物保护单位，区内现存摩崖石刻约640则，其中，七星岩摩崖石刻约为531则，以诗文和题名、题榜居多，而鼎湖山摩崖石刻约为103则，以佛教石刻、诗文内容为主。七星岩历史悠久，早在晋代已有文字记载。唐朝文章家、书法家李邕（北海）曾慕名来游，写下了著名的《端州石室记》，镌刻在石室洞口石壁上。叶剑英元帅于一九六四年四月游览七星岩期间曾写七绝一首："借得西湖水一圜，更移阳朔七堆山；堤边添上丝丝柳，画幅长留天地间。"这些摩崖石刻穿越了肇庆一千三百多年的历史文化长廊，遍布在星湖景区每个角落。

星湖国家湿地公园以岩溶、湖泊、浅滩构成，栖息了数万只野生鹭鸟，每天上演"万鸟归巢"，湿地内还拥有极其珍贵的丹顶鹤数十只，为中国南方数量最多的园区，新引进的"百鸟天堂"项目更是进一步丰富了园内生态结构，黑天鹅、鸳鸯鸭、斑头雁、鸳鸯、鸿雁等近六百只大中型飞禽。它们"能飞善舞"，每天结队成群，一飞冲天，以蓝天白云为幕进行展翅翱翔表演。除此以外，湿地公园更是凭着一年两度的"卧佛含丹"和太极洞"立竿无影""月亮垂照"三个天象奇观成为了新的网红打卡点。观佛岛上四个日晷全方位地反映出古人对于太阳与时间之间关系的认识。

（二）课后探索

①请同学们在课余时间去市图书馆、新华书店、文化站、校图书馆找一本关于星湖旅游景区的书，摘录你感兴趣的内容记在笔记本上，在行程中与同学们分享。

②根据自己的想法，做一张关于七星岩摩崖石刻的宣传海报，宣传出景点的亮点，吸引更多同学前来研学。可以将海报带到研学现场，互相分享交流想法。

③思考：在原生态的基础上，无化肥无农药，茶园是如何驱虫和加强茶树营养的呢？

融阅读星湖旅游景区研学课程设计（小学 5~6 年级）见表 6-1。

表 6-1　融阅读星湖旅游景区研学课程设计（小学 5～6 年级）

基础学科	研学课程	评价维度	课程实践载体	课时
历史	唐代开元盛世	阅历理解；理解探究；情境认知	七星岩石室洞口	2
语文	《端州石室记》学习与朗诵	阅历理解；理解探究；信息检索	七星岩石室洞口	4
艺术	书法赏析与临摹	审美鉴赏；创作力；理解探究	树林休息区域	4
生物（自然）	生态瓶制作	观察探究；社会参与；情境认知	鼎湖山自然景区	2
传统文化	学习冲茶与品茶	情境认知；审美鉴赏；动手能力	鼎湖山生态茶园茶厂	2
科学	天文观测——太阳与影子的奥秘	情境认知；信息检索；观察探究；协调合作	观佛岛	4

1.唐代开元盛世历史背景学习

因七星岩"镇岩之宝"——《端州石室记》是作者李邕在唐朝开元十五年途经端州所创作，学习作者生活的历史背景有助于对作者本人及作品的理解，能让同学们更好地融入研学场景中。

《汉书·李寻传》："汉兴至今二百载，历纪开元，皇天降非材之右，汉国再获受命之符。"开元是公元713年—741年，是唐朝皇帝唐玄宗李隆基的年号，共计29年。开元盛世是唐朝唐玄宗统治前期所出现的盛世。唐玄宗治国初期，以开元作为年号，那时玄宗励精图治，并且任用贤能，发展经济，提倡文教，使得天下大治，所以后世史学家称其为开元盛世。

历史学科内容学习是在行前进行，按照小组讨论形式展开。

2.《端州石室记》学习与朗诵

唐代开元十五年（727年），在宦海沉浮多年、富有才情的李邕途经端州，被七星岩石室水洞的奇景所吸引，认为找到了自己心目中的"人间仙境"，触景生情，一气书成《端州石室记》。《端州石室记》是一篇山水美文，具有唯物主义的进步倾向。李邕斥责了仙境的虚妄，生动细腻地描绘了石室洞里面人间仙境般的奇异景致，并抒发了积极有为的政治情怀。

作者李邕（678年—747年），中国唐代书法家。字泰和，广陵江都（今江苏省扬州市）人。李邕少年即知名，后召为左拾遗，曾任户部员外郎、括州刺史、北海太守等职，人称"李北海"。政治命运坎坷，屡遭贬斥，后为宰相李林甫所害，含冤被杖杀。

《端州石室记》也是一幅精美的书法作品，书法体方而笔圆，力劲而气舒，疏朗峻拔，纵横开合，结构严谨，风采动人。李邕题书的石刻现存只有湖南长沙的《麓山寺碑》、陕西蒲城的《李思训碑》和此处的《端州石室记》。他擅长行、草书，此石刻用楷体题书，是流传于世的唯一杰作，成为七星岩的"镇岩之宝"。据说，此石刻拓本传到京城（长安）时，即刻名动京城，使端州在京城有了名气。北宋书画家米芾评论他的书法风格曰："举动倔强，礼节生疏。"清代书法家、金石学家翁方纲在《粤东金石略》中称石刻为上选之作："丰容盛鬘，似太真不能为掌上舞。"

《端州石室记》正文

日者，托宿秘篆，寄傲神府，撰奇讨异，注灵通感；冥搜海藏，遐瞩坤极。敞金阙，疏玉堂，河汉未睬其源，今昔尝聆其语。

乃若宛此山郭，介在江坟，薄人寰，腾物外，妙有特起，灵表秀开；绮田（石互）平，锦蟑壁立；肇允洞穴，延袤中堂。蹙（忄左）形以万殊，研地势以千变，伏虎奔象，浮梁抗柱，激涛海而洪波沸渭，叠而群峰嵯峨。飞动逼人，屹耸惊视，密微微而三分地道，风萧萧而一变天时；窦乳练于玉颜，石床列于仙座，隔阂尘境，矫集福庭。

寂兮寥兮，恍兮惚兮，使营魄九升，嗜欲双遣；体若振羽翼，志若摩云天。秦汉之间，莫知代祀，羲皇之上，自谓逍遥。当是时也，慕名者执雌而退；徇物者守心而安；求道者诲而凝怀；书者陋古而默。

有若邦伯毕公，守恭广孝，闻观国，政门尤迹；谈者不容于口，义心厚行，游者每于。故能吏修其方，人乐其业，流冗归心，介特又安。于是命友僚，挟琴酌，一歌一咏，以遨以游；莫不解襦于斯，张乐于斯。传五龙，遗土驷马，岂直避暑窟室，缔赏林峦，击石如钟。固亦转丹灶，掇紫芝，迹参寥之远心，惟习隐之幽致者也乎？开元十五年正月廿五日。

此课程为小学高年级段课程，碑文只需了解朗诵，体会意境，不需要深度理解和背诵。此外，学生通过在研学现场实地近距离观赏摩崖石刻的汉字魅力，了解中国文化的博大精深、历史名人故事以及汉字书法的丰富内涵，领略摩崖石刻的艺术气息和精湛的雕刻技术，感悟千年文化历史名城——肇庆的厚重文化底蕴，增强民族文化自信，学习中国古人的进取之精神。

3. 书法赏析临摹

此次研学地七星岩摩崖石刻约为531则，以诗文和题名、题榜居多。总计有唐代4题、宋代80题、元代13题、明代146题、清代117题、民国10题等。它们从各个方面反映出历代政治、经济、文化的面貌，是研究历史、地理、书法艺术和石刻工艺的重要资料。学生在充满书法作品的古迹面前，身临其境地体会书法之美。观赏完七星岩摩崖石刻，研学艺术教师会在树林中平坦凉爽的地方支好简易桌椅，让学生准备好纸墨，临摹石碑毛笔字，也可以自己创造。在山水中、在生机盎然、碧绿青翠的环境中，孩子们学习书法的心更静了。

4. 生态瓶制作

生态瓶即人工模拟的微型生态系统，是一种有趣、充满活力的学习工具，也被孩子们看作是一个小世界。研学景区的科普工作人员向同学们介绍了鼎湖山保护区的历史背景、地形地貌、保护对象和丰富的生物多样性，图文并茂地展示了鼎湖山动植物的神奇与智慧，学生更加全面地了解了中国第一个自然保护区——鼎湖山国家级自然保护区。详细地了解完这些知识后，孩子们遵守保护生态原则，在研学教师的指导下，以小组为单位，分组寻找生态瓶制作原料，共同制作生态瓶。生态瓶制作这一项目，拓展了自然课堂教学的广度，提升了学生的自然（生物）学科素养，同时也锻炼了学生的动手能力，提高了学生对植物、对自然生物的兴趣。孩子们创造一个属于自己独一无二的生物世界。

注意事项：

挑选瓶子：在水生生态系统中，越大的瓶子，生态系统越稳定；

选择植物：水草种类繁多，选择合适的水草才能保证它在瓶子中继续蓬勃生长；

选择动物：鱼类在生态瓶内极容易死亡，因此建议大家选择一些更加小型的螺；

选择泥沙：泥沙是必不可少的，泥沙是微生物附着的主要场所，泥沙中的微生物大多为分解者；

选择水源：尽量不要选择自来水作为生态瓶的主要用水，池塘水源是比较适合的。

5. 生态茶园探秘体验

带领孩子们走进鼎湖山生态茶园，了解鼎湖山茶叶的生长情况，观察水质土壤，可以收集土壤和茶叶片带回去进行观察。这个时候可以与茶园的叔叔阿姨们了解一下行前的预留问题："在原生态的基础上，无化肥无农药，茶园是如何驱虫和加强茶树营养的呢？"同学们可以将得到的答案结合自己的理解记下来，等回到学校里与同学老师们分享，同时也体验一下茶农的艰辛和不易，在自然环境中顺应自然，靠着辛勤的劳动和智慧去收获成果。

参观茶园之后，孩子们走进茶叶生产工厂，跟茶厂的老传承人师傅了解茶叶生产制作的过程。老传承人师傅会教给大家如何泡茶与品茶，让孩子们体验一下做小茶艺师的乐趣，寓教于乐，传承我国博大的茶文化，增强孩子们的文化自信。在品茶的过程中，老师们还会给孩子们讲解茶的保健功能，宣传茶的益处，让孩子们了解营养知识，自觉地减少碳酸饮料和含糖饮品的摄入，增强身体素质。

6. 天文观测——太阳与影子的奥秘

教师们带着学生，通过近距离观察观佛岛"卧佛含丹"和太极洞"立竿无影""月亮垂照"三个天象奇观，学习日晷（赤道式、地平式）的使用方法，计算太阳影子对应的时间，认识时间与地球的关系，了解中国天文文化的博大精深以及与人类生活关系的紧密性。在动手测量的过程中以小组为单位，让孩子们选出自己的组长。决定每一个组员的分工，按照现场学习的观测方法计算结果，提高孩子们的团队协作精神和自主能力。在实践中也体会到了我们先人在天文历法上的无穷智慧。

第四节　融阅读自然研学课程评价

自然研学课程结束之后，同学们会分组用PPT进行展示和分享整个研学过程，内容包括主题、小组成员及分工、对象、活动目标、活动过程、物资准备、经验及心得分享等。做好整个研学闭环还有闭营颁奖的环节，教师们对几天的校内校外自然研学课程活动进行量化考核，表现优异的小组将会获得表彰，以促进学生们的积极性。对孩子们的整体研学过程教师们也会有具体的诊断方案，通过整体学习过程，帮助学生分析哪些地方存在问题，哪些地方可以获得更大的进步空间。

朱永新教授在《走向学习中心，未来学校构想》一书中对未来学习中心的考试评价的方向描述是会走向"描述、诊断、咨询"。现在的考试和评价是以选拔为特征的，是通过考试选拔出谁是第一谁是第二，谁是优秀生、谁是中等生、谁是差生。这样的考试评价只能给出一个简单的分数，而看不见分数背后的东西。未来学习中心的考试评价将不是为了选拔，而是为了诊断。

融阅读的自然研学是素质教育，也是未来学习的一种新样态，融阅读的自然研学课程评价也是为了告诉学生和家长，孩子在学习过程中出现了哪些问题，以数据呈现的课程记录和观察报告来跟踪孩子的学习过程。我们会帮助孩子分析在哪些方面有差距，在哪些方面还能进一步完善，指导每个学生不断完善修正自己的学习过程和方法，端正学习态度，以取得更好的学习成果。

一、融阅读自然研学课程的评价的成果形式

作为未来学习的新样态，融阅读的自然研学课程评价不只有分数一种形式。学生的学习结果可以是多样态的形式，根据不同学段、不同学校、不同学生，从实际情况出发采用最适合的方式来提供研学成果。

对于小学段的孩子们来说，低年龄段可以是一份手绘报、一场口头的报告、一件手作艺术作品，对于高年段孩子可以是一篇研学作文、一份调查报告、一件模型、一场主题演讲、一本研究笔记等等。

研学成果表达形式：图画、照片、模型、实物、录音、录像、光盘、网页、诗歌、节目、口头报告、书面报告和论文等。

研学成果交流方式：班报、刊物、展览会、演讲会、答辩会、研讨会、节目表演、展板、墙报等。

二、融阅读自然研学课程的评价的过程管理

研学过程中随行教师为每个学生准备一个文件夹，建议是实体文件夹结合电子文件夹。文件夹是过程管理的一种实现形式，文件夹里留存了各种数据情况，详细地记录着学生能力培养和素养形成的路径轨迹。

教师要在研学文件夹记录每个孩子的研学过程、取得成就、态度和情感变化、进步表现、每次活动记录、教师评语、对孩子的建议和提升指导等综合内容和其他相关资料。电子文件夹需要记录每个孩子的活动照片、视频，以便为孩子们存留珍贵的影像记忆，也方便分享给家长。

文件夹里还需要有学生自主收集课题的活动方案，活动记录（如观察日志、调查表、访谈记录、实验记录、导学卡等），研究成果（如研究报告、小论文、作品等），学生的自我评价、研学实践中所获得的体验、反思和体会，教师、同学和家长的评价等信息资料。

文件夹要有对学生研学过程中的态度评价，如是否认真参加每个活动，是否努力完成所承担的任务，是否做好资料积累和分析处理，是否主动提出研究和工作设想、建议，能否与他人合作、采纳他人意见、能否对所接受的任务坚持到底等。

学生的学习成果也要集合在文件夹里，如学生的研学感悟、研学作文、资料收集的汇总、手抄报或是书法作品等。

融自然，让书本上的画面、知识活生生地呈现在孩子们面前，这是天地万物之阅，四时变幻之阅。融入自然的阅读让孩子们体验到具象的、动态的事与物，充实他们的世界观，诚如中国政法大学罗翔教授所说："我们要爱具体的人，而不是抽象的概念。"在追求高速、高效的信息时代，自然是让孩子们回归真实感受真知，脚踏实地探索思考的最佳老师。

自然万物中，蕴藏着那么多的知识，那么多的美景，那么多体验快乐的机会，希望每个孩子都能在自然这本大书中有所收获。

表 6-2　融自然星湖旅游景区研学课程评价

项目	学习目标检测	学习态度	过程管理	成果展示	社会评估
占比	30%	10%	30%	20%	10%
具体内容	唐朝历史知识点；《端州石室记》阅读理解；书法临摹技法；生态瓶制作知识点；茶叶冲泡要点；测量计算知识点；	是否积极参加每一项活动；是否认真对待此次研学；是否积极帮助团队成员	每次活动过程的监督、记录、反馈；学生的进步表现、取得的成就、与人配合程度等等	朗读《端州石室记》流畅度及情感融入度；书法作品；生态瓶；泡茶展示；课后探索汇报文章《无化肥无农药，茶园是如何驱虫和加强茶树营养的》	不同主体的评价：自我评价 2%；小组评价 2%；教师评价 4%；研学基地工作人员评价 2%

第七章 融课程——融阅读课程：炼成中国 味道的课程

布鲁纳认为："把一门学科教给一个人，不是要他把结果牢记心头，确切地说，那就是要让他参与知识的获得与组织过程。我们教一门学科，不是建造有关这门科目的一个小型现代图书馆，而是使学生自己像一名数学家思考数学，像史学家思考史学那样，使知识获得的过程体现出来。认识是一个过程，而不是一个结果。"

2001 年 7 月，教育部制定颁布了《全日制义务教育语文课程标准》，提出了一系列透射着科学精神和人文精神的教学新理念。新课标明确指出，"工具性与人文性的统一，是语文课程的基本特点"，强调"尊重学生在学习过程中的独特体验""通过课程实施和学习方式的变革，培养学生搜集和处理信息的能力""积极倡导自主、合作、探究的学习方式"，等等。义务教育语文课标还指出阅读教学是"学生、教师和文本之间对话的过程"。语文新课标为阅读教学的改革和发展指出了方向。如此，以开发人的生命潜能、实现人的全面发展为目的，内容丰富、形式多样、相伴终生的"融阅读"教学观应运而生。

对应着融阅读的教学观，在课程设计上，也是着重突出学生的学习主体地位，珍视学生的独特个性，在融阅读课程中，跨学科进行教学，引导学生用自主、合作、探究的学习方式激发学生内在学习动机，锻炼学生的判性思维（思辨力）、想象及创新（创造力）、美学素养（鉴赏力）、解决问题（应用力）、好奇心（自主学习内驱力）、信息逻辑（综合力）。

融阅读的课程融合延展自然教育、社区教育、博物馆教育、科技教育等内容，以"融阅读"未来学习新样态作为依托，以阅读结合研学项目的形式引领学生先阅读与项目学习相关的内容，产生深刻认知及感悟后，再带领他们实地去游览、观摩、研学，从而激发学生的学习热情及内在动机，在"知行合一"中培养学生的融阅读 6C 核心素养，从优秀中华文化的宝库中汲取精神力量。

第一节 为什么是中国味道的课程

文化自信是时代的课题，那么，何谓文化自信？文化自信是一个民族、一个国家以及一个政党对自身文化价值的充分肯定和积极践行，并对其文化的生命力持有的坚定信心。

我国有五千年历史文明，博大精深的优秀传统文化，如科技、文字、书画、武术、建筑、陶瓷、冶金、烹饪、茶道、古乐、手工艺、中医等，这是中国人的底气和骨气所在，是我们文化发展的母体，如此丰硕的文化底蕴，我们无须羡慕别人。但是在之前的一些年，我们很多国人迷失在西方国家的文化里，还有很多人一直认为西方文化什么都是好，外国的月亮比中国的圆。随着西方国家经济发展，一些"洋节"诸如圣诞节、万圣节等逐渐成了主流，大受追捧，国内的很多早期教育的机构都以此为噱头，大肆渲染气氛，甚至把崇洋媚外的态度也渐渐传染给了孩子。我们并不是绝对抵制"洋节"，在文化上要有国际理解力，取其精华，批判地看待事物，我们抵制的是不珍视自己国家的文化，过度失去自我的文化态度.

随着我国国力的强盛和国人认知的提升，从故宫的石渠宝笈到虎年春晚的《只此青绿》，一次次地掀起国人"国潮"的热情，点燃文化自信之情。网友评价看了《只此青绿》直接从"文化自信"走向了"文化膨胀"！就像光明日报说的那样："文化自信才能真正地传播中国人文之美。"我泱泱大国底蕴深厚，必将屹立于世界民族之林。我们要完成中华民族伟大复兴的历史使命，就必须坚守文化自信，而坚守文化自信，弘扬和传承中华民族文化，不只是从作家、文艺工作者做起，而是要从我们每一个中国人做起，尤其要从教育做起，从儿童开始抓起，从课程抓起！

融阅读致力于做中国传统文化特色课程，并在课程中从始至终将"知行合一"贯彻到底。"融课程"引导孩子融入自然，防止我们这个时代的孩子患上"自然缺失症"。艺术评论家伯纳德·贝伦森经常回顾童年时在大自然里度过的快乐时光，认为创造力是"伴随着孩童时代的自然天赋以及灵性空间"一起产生的。自生命之初，大自然的形态、感觉、气味、声音等就围绕着每一个个体。孩子通过感觉来生活，感官体验将孩子们内心深藏的情感世界与外界联系起来。

素质教育被我们理解得太狭隘，它并不仅仅是学生文化课外的琴棋书画。素质能让孩子们的知识、能力流动起来，知识是活的，不局限于书本里，知识来自生活，并最终回归于生活。"融课程"强调阅读教学的整体感悟，突出学生的本土文化基因积淀，注重语文教育的人文熏陶与解决实际问题并重，由此延展出"融课程"的理论模型。"融课程"让孩子们从祖国或家乡的真实场景去获取地理、人文、艺术、科学等跨学科知识并应用到实际生活学习中去，沉淀学生的民族文化基因。以融阅读为平台，促进学生对阅读要消化到实际场景中、自然田园中、历史名迹、科技博物馆中去；促进学生对祖国对家乡产生热爱之情，自豪之感，坚守我们的文化自信；促进学生养成终身学习，自主学习，深度学习，学以致用的学习态度。

第二节　融课程自主探究目标

①以中国学生核心素养为目标，让阅读与孩子的生活融合起来，与自然融合起来，与历史融合起来，感受民族文化与民族精神，丰厚学生价值观，形成正确的人生观，把学生培养成具有民族自信、能够担任民族复兴大任的、适应于未来的人才。

②融阅读中国特色课程鼓励用不同的媒介进行阅读，随时随地进行阅读，拓展孩子的阅读方式，培养孩子思考能力和批判性思维，科学探究能力，同时也引导孩子更合理地利用信息技术，提高信息素养。

③通过天地史学的拓展，充实孩子的人文底蕴，培养以国家认同为基础、社会责任为支撑、国际理解为拓展的责任担当素养，让孩子富有人文情怀、人文积淀，并具备审美情趣，为国家实现富强、民主、文明、和谐而奋斗；为搭建自由、平等、公正、法治的社会助力。

④通过自然与生活的接触，健全孩子人格，使其珍爱生命、学会自我管理，致力成长为爱国、敬业、诚信、友善的中国公民（图7-1）。

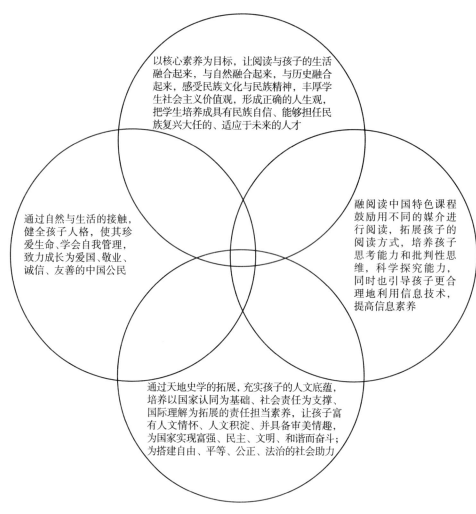

以核心素养为目标，让阅读与孩子的生活融合起来，与自然融合起来，与历史融合起来，感受民族文化与民族精神，丰厚学生社会主义价值观，形成正确的人生观，把学生培养成具有民族自信、能够担任民族复兴大任的、适应于未来的人才

通过自然与生活的接触，健全孩子人格，使其珍爱生命、学会自我管理，致力成长为爱国、敬业、诚信、友善的中国公民

融阅读中国特色课程鼓励用不同的媒介进行阅读，拓展孩子的阅读方式，培养孩子思考能力和批判性思维，科学探究能力，同时也引导孩子更合理地利用信息技术，提高信息素养

通过天地史学的拓展，充实孩子的人文底蕴，培养以国家认同为基础、社会责任为支撑、国际理解为拓展的责任担当素养，让孩子富有人文情怀、人文积淀、并具备审美情趣，为国家实现富强、民主、文明、和谐而奋斗；为搭建自由、平等、公正、法治的社会助力

图 7-1　融课程自主探究目标

第三节　有中国味道的融课程设计

《融读岭南》是我在 2022 年策划的"融阅读"系列读本的第一本，它面向 6~12 岁的少儿，用生动鲜活的语言来讲述岭南的故事、岭南的文化，让孩子对家乡岭南产生热爱之情，自豪之感。笔者希望《融读岭南》能带领孩子们走出校门，走出家门，让他们通过一次次地参观游览和学习，感受本土文化的美和力量，从而发展成为更有时代精神和民族精神的人。

《融读岭南》以"融阅读"未来学习新样态作为依托，整合编辑佛山的人文历史、名胜古迹等内容，让少儿先阅读书中内容，对家乡产生深刻认知及自豪之感后，实地去游览、观摩、研学，从而激发学生的学习热情及内在动机，在"知行合一"中培养学生的批判性思维（思辨力）、想象力及创新能力（创造力）、美学素养（鉴赏力）、解决问题的能力（应用力）、自主学习能力（内驱力）、信息素养力、沟通表达力。

本书除了要防止我们的孩子患上"文化缺失症"，还要促进少儿融入自然，防止他们患上"自然缺失症"。艺术评论家伯纳德·贝伦森经常回顾童年时在大自然里度过的快乐时光，认为创造力是"伴随着孩童时代的自然天赋以及灵性空间"一起产生的。自生命之初，大自然的形态、感觉、气味、声音等就围绕着每一个个体。孩子通过感觉来生活，感官体验将孩子们内心深藏的情感世界与外界联系起来。

此书包含六个章节，分别是佛山概况、红色印记、佛山历史名人、物质文化遗产、非物质文化遗产和博物研学，这六个章节涵盖了佛山这片土地从古至今，从人到物的各方面文化内涵，这些内容是新一代佛山人所需要知道的。将佛山地域文化与佛山青少年儿童的成长结合起来，是这本书的使命。

佛山地域文化的"融课程"研学设计取自《融读佛山》篇中黎边村古村落研学课程。中国传统村落是农耕文明的精髓和中华民族的根基，历史文化底色厚重，自然生态景观资源丰富，具有一定的历史、文化、科学、艺术、经济、社会价值。提起古村落，大家想到最多的就是徽州，那里青山逶迤，粉墙黛瓦，桃花流水，耕读传家，是中国审美意境的典型代表，近年来徽州也是国内研学大热的目的地之一。

我所任职的联和吴汉小学坐落在南海狮山镇，而狮山最有名的古村落就是黎边村了，与徽州相似的是历史悠久，诗书传家，重礼兴学。黎边村有 700 多年的历史，是著名的明清古村，自然风光优美，历史人文底蕴深厚，岭南文化特色浓郁，辖区内古村落保护完整，可供研学旅行开发的资源丰富，知名度较高，更值得一提的是黎边村走出了诸多历史名人。

"融课程"以广东省佛山市南海区狮山镇黎边村研学课程为例，除阅读名著经典外，还融合了历史、美术、自然、非遗、科学等多个学科的内容。彻底践行了对阅读的消化与人生体验融合，把作为学习形式的阅读变成人的生活方式，把生活中作为生命活动的阅读与语文教学中的阅读活动融而为一。

"融课程"的课程设计突出真实生活场景中的问题解决及学科温习分析的系统性。以黎边村古村落研学课程设计为例（见表 7-1），拟定黎边村古村落研学项目与课程安排，通过体验式学习，把理论与实践相融合，知识与场景相融合，历史与现代相融合，开拓孩子们的思维，提高核心素养。

表 7-1　黎边村古村落研学课程设计

基础学科	研学课程	评价维度	课程实践载体	课时
历史	《民国时期历史》	阅历理解；理解探究；情境认知	参观黎边村黎边崇正小学旧址	2
语文	《特立独行的黎照寰》课外阅读关于黎照寰的信息检索，如微信公众号"南海狮山"《致敬！狮山走出的教育家：留美获 4 个学位，曾任民国交通大学校长》	阅历理解；理解探究；信息检索	黎照寰故居	2
美术	《黎边村的故事》手抄报创作	审美鉴赏；创作力；想象力	黎边村全境观察学习（古民居、祠堂、家庙、府第、农田、水系等）	4
生物（自然）	《榕树的生长习性》	观察探究；社会参与；情境认知	黎边村 8 棵百年大榕树	2
非遗	黎边村版画制作（祠堂剪影）	观察探究；审美鉴赏；创作力	黎氏宗祠、黎西祠堂	2
科学	黎边村水系水质研究	情境认知；信息检索；观察探究；协调合作	黎边村池塘	4

一、行前阅读与思考

行前阅读课程让学生带着准备和疑问去参加活动，旨在培养学生自主建构知识和发现问题的能力。预学习是提前将学生带入到学习场景中去，清华附小 5 年级创新实践主题月的内容有走进电影博物馆的研学内容，学校教师会让学生先查阅有关电影的知识和信息，如中国电影博物馆的基本知识，重点想参观哪些场馆，电影里的数学知识和科学知识等。通过预学，让学生提前做好相关的知识储备，对场景里的内容有一定的了解，又有所期待和疑问，有准备、有目的地开展研学旅行。

黎边村研学"融课程"，学生在研学出行前阅读出版物《三个世纪的跨越》中《特立独行的黎照寰》篇，此书是非常值得一读的大学发展读本，从南洋公学创办到交通大学组建，从东方 MIT 到 20 世纪 50 年代院系调整，从改革开放到向世界一流大学迈进，《三个世纪的跨越：从南洋公学到上海交通大学》用朴实的语言展示了上海交通大学 110 年的辉煌与曲折，胸怀与梦想。这里面内容翔实，脉络清晰，可能对小学生来说比较难懂，不过只截取其中一篇关于南海人上海交大老校长黎照寰的原文来阅读，对于孩子们来说就容易接受得多，此章节故事性较强，而且与研学的目的地有紧密的联系，非常容易引起孩子们的兴趣。教师们可以把此章单独摘出印成小册，带领学生阅读和讨论。

原文节选：

黎照寰

1934 年，著名教育家、上海沪江大学校长刘湛恩赴欧美各国考察教育时，一些关心中国高等教育的美国人士问他："中国的工业大学以哪所最好？主持这所大学的人是抱着一种什么决心？"

刘湛恩不假思索地回答道："你们美国有 MIT，我们有交通大学。你们办教育的人，是希望以后能够转入政界；我们这位交通大学的校长是有官不做，辞去了铁道部次长，而来专心办学，希望他的学生能做中国的实业改革家。"

美国人听后钦佩不已，急切探听这位舍弃仕途、专志办学的大学校长。刘湛恩告诉他们：这位校长便是黎照寰。

黎照寰少年时代就读于广州府中学堂和两广游学馆预备科。1907 年赴美国留学，起先攻读理学，后转学经济，先后获得哈佛大学理学士、纽约大学商学士、哥伦比亚大学经济学硕士、宾夕法尼亚大学政治学硕士等四个学位，可谓文理兼通，学识渊博。留学期间，黎照寰结识孙中山先生，并加入同盟会，投身革命活动，一度充任孙中山秘书。1919 年至 1924 年，黎照寰曾先后担任香港工商银行行长、广东航政局局长、广九铁路管理局局长等职。1925 年任中国公学教授。1927 年任交通部铁道处长、财政部参事。1928 年任铁道部参事、常务次长。1929 年 6 月兼任交通大学副校长，次年 10 月辞去铁道部常务次长，专任交通大学校长职务，从此由仕途转入文化教育领域，长期从事高等教育工作。直到1942年汪伪政权接管交大时离职，主持交大长达13年之久。任职期间，他兢兢业业，身体力行，对学校的发展、人才的培养作出了重大贡献。到抗战前夕，黎照寰领导的交通大学迅速成为一所理工管结合的国内外知名大学，被广大校友称为新中国成立前交通大学的"黄金时期"。他坚持自由教育原则，主张教育独立，反对划一的模式化教育，力主学术自由及人的自由全面发展，注重改善办学条件，对交大黄金时期的形成起到重要的促进作用。

1934年12月，教育部派官员到各国立大学视察。在交通大学，视察官员对交大"自以为是"的院系建制及名称震惊不已：所属的五个学院中竟然找不出一个"合法"学院。早在1929年，教育部即颁文明定大学设置学院的办法，应分文、理、工、商、农、医、法、师范八大学院，严令各大学遵照执行。而黎照寰主持下的交大一直对此"置若罔闻"，应将包含数理化三系的学院称理学院，却称科学学院，而且该院恰恰是建立在教育部颁文后的次年即1930年；机械、电机、土木应属工学院内的学系，在交大却升格为三大学院；管理学院更在八大学院之外，当属交大一家，全国绝无仅有。

这种"背经离道"的做法令教育部大为光火，当即令校长黎照寰将所有学院与法定院名"对号入座"，一律统统改换，科学学院改为理学院，管理学院改称商学院，土木、电机、机械三学院降格为系，合称工学院。

行文到校，黎照寰将其束之高阁，片文不复，仍维持原状。教育部既非交大的主管机关，又非经费供给单位；既不能以行政命令的方式强令统一学院，又不能以"断饷"逼其就范，实在是拿交大没有办法。但是如果让交大继续"逍遥法外"，他校若群起效尤，教育行政哪能做到有令必行呢！教育部只得在次年10月要求铁道部督导自己的属下，而黎照寰却并不给教育部一点面子，一个学院的名称都没有动。

黎照寰为何敢于对上级部门说"不"，执意不同意更改学院设置，哪怕只是将学院名称作形式上的改换呢？其实，在黎照寰看来，改名看似小事一桩，实质关系到立校根本和教育原则，关系到院系设置的内在结构，以及建校以来积累的成功经验。黎照寰认为，教育行政部门要给各大学少加约束，多给自由。固定不变的学校制度与组织规程，将使整个教育无伸缩的可能。他还认为，按照培养目标的不同，大学可以分为机构、一般和特殊三类。机构性大学是培养学生专志研究良知与真理，文科类大学多属此类；一般性大学的组织及内容可以各不相同，而目的均在为国家社会训练人才，法科、商科等类大学当属此类；特殊性大学因国家特别需要或环境而特设，负有特殊使命。

　　至于管理学院，黎照寰坚决认为绝不应更改为商学院。两者在范围、目的和课程内容上，有着根本的区别。商学院应对商业而设，管理学院则适用于各种实业组织；在学科目的上，商学是从私人立场出发，研究市场竞争的学科，管理学则从社会立场研究人、物、财三者之间的科学原理，以增加效率，节省费用。商学院的课程以贸易为主，管理学科则以组织效能、人事管理、业务统制等为主。另外，交大管理学院专为铁道部培养专用管理人才，非一般商业人才可以比拟。假使改名为商学院，而内部学科内容不变，只会名实不副，贻笑大方。

　　从1934年开始的院系设置及名实之争，一直持续到1937年8月交通大学改隶教育部后方告结束。失去铁道部支持的黎照寰已无力也无法再对抗教育部，只得将机械、电机、土木三个工程学院降格为系，合组工学院；科学学院改称理学院。不过，管理学院实在与商学院性质相去很远，仍然保持原名，维持其独立性。不管最终结果如何，这场名实之争实际反映了黎照寰自由的办学思想以及教育独立的原则。

图一：1933年工业及铁道展览会时黎照寰（前排右四）与来宾合影

图二：1933年黎照寰为《陇海铁路交通大学同学会会刊》题词：宣扬校誉

　　　　——出自上海交通大学官方校史网，作者晏高钰辑自《三个世纪的跨越》

（盛懿、孙萍、欧七斤编著）

二、融阅读课后延展

①请同学们利用课余时间去市图书馆、新华书店、文化站、校图书馆找一本

关于黎边村的书籍。摘录下你感兴趣的内容，形式为摘抄。

②请同学们在课余时间利用手机或电脑检索关于黎边村的内容，不限于网站、微信公众号、微博、视频号等形式。保存下你感兴趣的内容，形式可为文字、图片、视频等。

三、研学安全须知及注意事项

【出门前】

①准备好研学课程手册，带上笔记本和笔，做到有备而行；

②证件准备：成人带好身份证原件，学生准备好学生证等证件；

③上下车时，全体学生有组织站队，以提高通行、集合效率，保障安全；

④可自备些感冒药、腹泻药、晕车药、创可贴等，若有特殊情况如心脏病、哮喘等，一定将药品备齐；

⑤防病准备：出行前提前测量体温，如有发热、咽痛、咳嗽、腹泻等症状及时上报老师，随身准备 1~2 个新口罩以备不时之需；

⑥带好手机、雨伞、充电器（充电宝），手机里保存上同学和老师的电话号码，随时保持电话畅通。

【行车中】

①全程自觉系好安全带，行车中禁止随意走动；

②不在车上吃零食，共同爱护、保持车辆卫生；

③贵重物品下车时请随身携带，不要放在车内；

④有晕车等特殊情况，请提前告知班主任或带队老师，以便安排座位。

【活动中】

①活动中保存好私人物品，贵重物品随身携带，带适量现金（建议 100 元左右），换成 10~20 元零钱，用一点拿出来一点，防止被小偷盯上；

②在活动过程中，学会勤俭节约，不随意购买零食，不乱花零用钱；

③在活动过程中，自由活动参观时，学生要以小组为单位，任何人不能擅自离队，如有特殊情况及时联系班主任或带队老师；

④行程中同学要学会互相包容，学习他人的优秀品质，并尊重当地习俗。

【就餐】

①注意饮食卫生，就餐前先洗手；

②塑造文明就餐形象，不大声喧哗、打闹；保持餐厅的干净、整洁；

③活动中，如有穆斯林学生或老师，请在活动出发前告知，以便安排。

四、研学现场探究

（一）课程知识背景讲解

如车程较长，带队教师可在车上给同学们讲解研学目的地的知识背景，如车程较短，可以在下车后集合，在目的地进行实地讲解。

以下为南海古村黎边村简介。

1. 概况

黎边村是一个明清古村，建于 1274 年，由黎东、黎西两个自然村组成，坐落在广东省佛山市南海区狮山镇狮岭村委会附近。2018 年 12 月，住房城乡建设部拟将黎边村列入第五批中国传统村落名录。2019 年 6 月 6 日，列入第五批中国传统村落名录。

黎边村东西长约 200 米，南北宽约 100 米，整个古村面积约 20000 平方米，大体呈坐南朝北的格局，是过去粤中地区典型的梳式结构。从村前向后望去，整个村落前低后高、气势如虹、设计精巧，让人领略到岭南古建筑与园林艺术的和谐统一。沿村前而行，只见明清古民居、祠堂、家庙、府第、书舍等各种已模糊了年代的建筑相互错落。黎边村村前十分开阔，有池塘、广场、古老的榕树，村后以小山、绿树为屏风，村巷幽幽，以石为基，呈阶梯式直逼后山。

2. 历史名人

（1）黎湛枝

黎东村的黎湛枝在光绪癸卯年（即 1903 年）中科举考试二甲第一名，1909 年，黎湛枝在小宣统皇帝继位后，被委任为末代皇帝爱新觉罗·溥仪的老师。

虽然当时清朝已经摇摇欲坠，但黎湛枝和其他众多的科举名士一样，忠心追随清王朝，直到生命的晚期。黎湛枝晚年居住在中国香港，有极高的书法造诣。他和前清翰林岑光樾、吴道镕、陈伯陶、朱汝珍、商衍鎏等结社雅集，弘扬中国传统国学，举办名士书展，在当时颇有影响力。

（2）黎延桂

黎东村第 19 代的黎延桂，曾被清廷封为小吕宋（今菲律宾）领事，后又授为两广总督顾问、陆军少将。

（3）黎照寰

在民国时期，黎西村的黎照寰与孙中山的儿子孙科一同赴美留学，后出任全国工商银行行长和上海交通大学校长等职，门下人才辈出，被上海人尊称为"黎南海"。

3. 黎边村典型景点

（1）黎氏宗祠

晚清时期，黎边村显赫一时，黎氏家族在原有住屋的基础上修建了黎氏宗祠等，逐渐形成了一个气势雄伟的古建筑群，时至今日依然保存完好。

（2）黎西祠堂

黎西祠堂是典型的岭南建筑风格：正门之后，还有一道对开的实木折门，合起来像一道木屏风，这是颇具岭南特色的屏风门。祠堂的四面是高高的围墙，中间留出一方天井，所以虽然外面阳光灿烂，祠堂内却很阴凉。

（3）黎照寰故居

黎照寰的故居是黎照寰父辈留下的一间祖屋，面积约 100 平方米，是典型的岭南梳式青砖镬耳屋，距今已超过 200 年历史。

（4）洪圣古庙

重建于清光绪年间的洪圣古庙，古色古香，保存完好。古庙屋脊上的灰塑，石额上人物雕刻，手工精细，"洪圣古庙"四字是顺德举人冯瑞兰所题。

（5）崇正小校校址

崇正小学是 1932 年由黎照寰和兄长黎晏兴带头捐资兴建的，1943 年完工投入使用，是当时狮岭乡第一间采用新式教育方式的小学，直到 1968 年，政府建起了黎边小学，崇正小学的学生才并入黎边小学。

（二）历史课与实际情境融合

走进黎边村，相互错落的古民居、宗祠、学校等明清建筑映入眼帘。我们在课前已经阅读学习了关于黎边村名士黎照寰的故事，对应黎照寰在黎边村生活的时代正是晚清时期，黎照寰的事业发展是在民国时期。研学教师从这个时代的历史背景出发，在充满怀旧和真切的环境中，带领同学们走进历史，通过当地名人的缩影去体悟那个年代的中国，激发孩子们爱国、奋发向上的热情。

（三）传承传统文化，非遗研学寓教于乐

中华民族文化宗罗百代、广博精微，非遗经典项目中更是蕴含着中华五千年历史中的智慧精髓。

佛山木版年画是岭南文化的瑰宝，与天津杨柳青、苏州桃花坞、山东潍坊的年画齐名，是中国四大木版年画生产基地之一，影响远及东南亚及世界各国华人聚居地。2006年5月20日，佛山木版年画经国务院批准被列入第一批国家级非物质文化遗产名录。

　　学生通过行前的相关内容预习，再结合实地的真实场景体验，对黎氏宗祠有了自己较为深入的理解，近距离地观察岭南宗祠建筑的线条和细节之后，这时候再在现场进行以宗祠建筑版画的学习，正是把艺术融入场景中。现场艺术教师准备好版画需要的工具和材料，在研学现场亲手进行简单刻板创作，同学们可以一起探讨和分享自己的想法，也可以根据自己提前在书本上、在现场收集的素材描绘线条进行创作，待回到学校与教师一起再进行雕版、印刷等。最后做好的木版画作为研学课程的成果展示，在学校里进行汇报展示。

（四）美学素养与动手能力并存的美术课

　　融课程黎边村古村落研学通过黎边村全境观察学习，通过古民居、祠堂、家庙、府第、农田、植物、水系等的观察和课前的相关资料学习，待学生回到学校后进行古村落研学手抄报绘制。这是课堂教学与课外研学的有机融合，也是历史、人文、美术、科学等学科的融合，是学生研学成果的综合体现。制作手抄报不仅需要有一定的素材积累和文字能力，也需要培养学生在排版、编辑上有一定的审美，绘画上有一定的基础，更重要的是清晰地表达出自己在整个研学课程中的感受体悟，是一场深度学习的、美学素养与动手能力并存的美术课。

（五）科学探究，黎边村水质研究

　　在黎边村依稀可见水乡特色风貌，村前共有6个风水塘，西侧两个池塘现状水质较好，岸边芦苇生长茂盛。研学前教师让同学们自己查阅资料，了解了村里池塘的作用。黎边村古民居已经有近30年无人居住了，那么作为村里重要的水系两个西侧池塘的水质现在如何，是否有污染？带着这些问题，教师准备了试管、PH试纸、烧杯等工具带领学生分组进行池塘等水质取样。水质检测主要是看三个方面，首先是酸碱度，从现场取样的水质要带回学校与自来水、饮用矿泉水等进行酸碱度检测对比。还有软水和硬水的区别是什么？取水样的时候教师提出问题，等着学生们回到学校的实验室自己去寻找答案。

（六）榕树现场观察

黎边村植被茂盛，村落主街绿树成荫，现存有 8 棵古榕树，森活气氛浓郁。为什么黎边村的榕树生长得这么茁壮茂盛还有气根？榕树在北方也能生长吗？带着这些课前预留的问题，教师在大榕树下开展了自然小课堂：榕树的适应性强，喜疏松肥沃的酸性土，在瘠薄的沙质土中也能生长，在干燥的气候条件下生长不良，在潮湿的空气中能发生大气生根，使观赏价值大大提高。喜阳光充足、温暖湿润气候，不耐寒。榕树也有一定的经济价值，树皮纤维可制渔网和人造棉；榕树的气根、树皮和叶芽可作清热解表药。学生们一边认真地听一边记笔记，有的同学还摘下叶子小心地夹在书本里要回去观察。这样一场生动的自然课与实际场景相融合，将书本里的知识延伸到真切的自然环境中。融课程以多元的教学方式，丰富的教学内容，有特色的实践空间，丰富学生的体验，激励、引导和推动学生展开自主的研究和探索。

黎边村研学行程安排见表 7-2。

表 7-2　黎边村研学行程安排

时间	课程地点	内容
8:00	学校	校门口集合乘坐大巴集体出发至黎边村
8:00—8:30	大巴车	车上带领学生破冰； 集体唱歌提升士气
8:30—9:30	黎边村榕树下	讲解黎边村简介及名人、景点情况； 提问及分享
9:30—9:50	黎边村榕树下	休息时间； 分组去卫生间； 喝水、吃午点心环节
9:50—10:30	黎氏宗祠	宗祠参观； 宗祠文化讲解； 黎氏宗祠历史背景学生演讲
10:30—11:00	黎照寰故居	故居参观； 岭南建筑知识学习； 学生分享："我眼里的黎照寰"

续表

时间	课程地点	内容
11:00—11:30	古榕树群	榕树习性知识学习； 榕树观察； 植物保护知识拓展； 指导学生摄影，提取后续课程素材
11:30—13:00	古榕树石墩旁	午餐及休息； 午餐推荐学生自带便当，大家一起分享
13:00—13:40	崇正小学	崇正小学参观； 带领学生阅读小学旧址及村里建筑上的文字； 崇正小学兴建背景学习及发展； 指导学生摄影，提取后续课程素材
13:40—14:40	古榕树石墩旁	非遗版画学习； 黎边村黎氏宗祠建筑剪影版画制作； 学生创作后可以带走作品
14:40—15:00	古榕树石墩旁	休息时间； 分组去卫生间； 喝水、吃午点心环节
15:00—16:00	古榕树石墩旁	黎边村研学手抄报筹备 work shop； 学生分组讨论，以组为单位进行主题创作； 各组代表分享创作思路及形式和分工； 教师指导并安排研学后手抄报作业标准
16:00—16:30	黎边村池塘	分组进行池塘水质取样； 教师指导取样的方法及注意事项（做好安全预案）； 研学回校后进行水样分析
16:30—16:50	大巴车旁	分组去卫生间； 收拾好个人物品； 排队上大巴车
16:50—17:20	学校	赋归

第四节 "融课程"研学评价

《基础教育课程改革纲要（试行）》中指出：建立促进学生全面发展的瓶颈体系。评价不但要关注学生的学业成绩，而且要发现和发展学生多方面的潜能，了解学生发展中的需求，帮助学生认识自我，建立自信。

表 7-3　融课程评价内容

融课程评价内容	学习态度	是否态度端正、认真；积极主动去阅读、去参加各项活动
	学习能力	阅读分析能力、概括总结能力、阅读联想能力、批判性思维、沟通能力、表达能力、与人协作沟通能力
	学习方法	搜集、整理、分析资料方法、归纳总结方法
	学习结果	完成阅读内容、完成读后学习任务的质量、有材料积累、有研学成果展现（如研学报告、笔记、演讲、手绘报、展板、模型或跟课程内容相关的手工品等）

表 7-4　黎边村古村落研学课程评价

项目	学习目标检测	学习态度	过程管理	成果展示	社会评估
占比	30%	10%	30%	20%	10%
具体内容	黎边村历史知识点；《特立独行的黎照寰》阅读理解；榕树生长习性与生存环境；版画刻版技巧；水质检测取样方法	是否积极参加每一项活动；是否认真对待此次研学；是否积极帮助团队成员	每次活动过程的监督、记录、反馈；学生的进步表现、取得的成就、与人配合程度等	版画作品；黎边村水质检测报告；黎边村古村落手抄报展示；课后探索汇报文章《我眼中的黎边村》	不同主体的评价：自我评价 2%；小组评价 2%；教师评价 4%；研学基地工作人员评价 2%

第五节　融课程的未来发展

　　故宫博物院宣教部为了让更多孩子能便捷地学习故宫文化，开发了各种类型的教育产品，如面向孩子的书籍、视频课、直播以及在线学习平台等。这些教育产品便于传播，同时也很符合孩子的认知特点，生动有趣。融阅读未来也会推出融课程的系列教育产品，包括书籍及周边文创、视频课程与学习平台等。

一、文创产品

　　《融读岭南》是我在继《融阅读——未来学习新样态》之后策划的"融阅读"系列读本的第一本，它面向 6~12 岁的少儿，用生动鲜活的语言来讲述佛山的故事、佛山的文化，让孩子对家乡佛山产生热爱之情、自豪之感。我希望《融读岭南》

能带领孩子们走出校门，走出家门，让他们通过一次次的参观游览和学习，感受本土文化的美和力量，从而发展成为更有时代精神和民族精神的人。除此之外，希望《融读》系列可以借鉴《融读岭南》和融阅读的实践经验，在全国各地都能出版具有各地特色的本土文化读本。

除了《融读》系列书籍，融课程还将延展许多充满创意的周边产品，比如融读佛山日历：《融读岭南2023》，它创新地将佛山当地的历史人物、知名景点等编辑提炼出来，做成生动可读性强又有实用价值的日历。

剪纸艺术《融阅读剪纸笔记本》将佛山剪纸的历史、工艺介绍等编辑成少儿语言印刷在笔记的前一些页码里，中间穿插彩色的可以DIY的剪纸半成本活页，可以让孩子们拿下来自己按照前文中印刷的剪纸方法进行动手创作，后面的空白本子部分还可以用作笔记本来写东西记笔记。这样的文创产品富有知识性、趣味性和互动性，让孩子将动手、动眼和动脑结合起来，丰富孩子们的学习体验。

二、视频产品

融课程之后会出一系列以本土文化为基础的阅读链接自然、链接人文、科技、历史等视频课程。融阅读希望通过我们国家先进的网络技术把这些优质的课程传播到更多的孩子面前。同时这些课程会做成公益课，在本土学生线下研学的过程中免费进行直播，将知识传递给更多的家庭。

三、学习平台

融阅读未来会设立官方网站，还有自媒体微信公众号。在这些平台上将与阅读有关的内容发布出来，包括融阅读的活动动态、融课程的系列课程、融读系列的书籍内容等。另外，还会依托这个平台，举办一些与阅读相关的活动，如阅读演讲比赛、阅读之星评选等，所有的活动宣传和进展也会在平台上发布。此外，平台上还会有视频、音频等学习的入口，方便大家去学习交流。

融课程带领学生们走出校园，走进在书本和教材所学知识的具化和真实情境中，不仅聚焦知识的深层次加工，也是利用多形式，多种感官，用不同的活动去认识人文社科与自然环境；认知与实践相结合，既有通过讲解和阅读获得的知识增进，又有亲身体验亲手制作等实践活动；多学科融合，一处景观包含了不同领域的知识。这也是帮助孩子认识世界、丰盈内心的有效方式。

第八章　融阅读落地的学习评价新样态

前文介绍了"融阅读"的基本形态，以及以佛山的地域文化为主题的"融阅读"活动。在未来，"融阅读"在学校中落地的形态还有多种可能，亟待各位教育工作者的开发。"融阅读"的活动形式丰富多样，但需要注意，在活动最后需要有输出，以输出倒逼输入才能强化学习的过程，深化阅读所得。因此，在这一章中，将围绕"融阅读"的输出形态进行一些设想，这些输出方式是与未来学习形式相融合的。

科技和社会的发展，带来的除了对孩子认知和专注能力的挑战，还有知识的大爆炸。无论在哪个领域，知识的更新迭代都非常快，因此国家提出终身学习的概念，终身学习让我们保持进步，以应对不断发展的社会。阅读是终身学习的一种有力的工具，不单是因为阅读能培养我们自学的能力，还因为阅读是一种高效的学习方式。

作为学生，仅靠书本来获取知识远远不够，作为成年人，没有系统学习的习惯也难以进步。阅读的材料往往是作者深入思考后产出的，也是经过层层审核才诞生的，它呈现的知识往往是系统的、科学的、有价值的。我们能通过阅读了解一个问题的前因后果，深度考察一个问题的多个方面。这些优势是网络上零散的碎片化信息难以比拟的。如果要打造终身学习的社会，就必须打造热爱阅读的社会，如果要让阅读成为终身的习惯，就必须从儿童阶段就开始阅读的教育。

事实上大家也普遍认为阅读是重要的，但是令我担忧的是，许多的教育工作者和家长对阅读还有一些刻板的印象，或者并没有掌握正确的阅读方法，因此如今的阅读还存在很多问题。我们需要认识到这些问题，才能让阅读更好地发挥价值，真正地让阅读滋养孩子的心灵，助力孩子的成长。

①缺少引导

孩子在自主阅读的过程中很少能接受足够的引导，教师没有精力辅导班级里的每一个孩子，而家长则缺少时间和能力。在缺乏思考引导的情况下进行阅读，孩子只能获取书籍浅层的价值，甚至有的孩子会因为不会读、读不懂而失去阅读的兴趣，这无疑是一种浪费。

②缺少思维碰撞

"尽信书则不如无书。"在阅读过程中或阅读完后与他人进行交流与分享能大大增进阅读者对文本的深入理解，还能提高阅读的趣味性。但现在的阅读主要是孩子独自地阅读，阅读缺乏思维的碰撞，阅读的教育价值被削弱了。

③缺少输出

阅读的浅层次还体现在孩子的阅读通常缺少输出上，孩子只为读而读，阅读活动通常在读完书的最后一页后就戛然而止了。知名学习理论"费曼学习法"提到一个观点：一个人只有通过把一个知识教会别人，他才能真的搞懂这个知识。当孩子看完一本书、学了一个知识，他以为自己已经学到了整本书内容或整个知识，但是当要求他用自己的话把这个知识表达出来的时候，我们可能会发现，他对这个知识的所谓理解是多么的错漏百出，也就是他根本不知道自己没懂。这就是阅读输出的重要性。如果只有输入，没有输出，那么脑袋就像是一潭死水，我们不光要让知识流入，更加要让知识流出，也就是输出。这样脑袋里面才会形成一个内消化循环，把知识真正吸取为血肉。没有输出去促进孩子的理解和内化，阅读活动容易流于形式，并不能真正作用于孩子的成长。

第一节　融阅读的新工具与资源库

针对以上阅读窄化、阅读浅层次的问题，解决的重要渠道就是增强对学生的阅读引导，增加阅读交流分享，以输出的形式去获取书籍里的知识。

迈入互联网时代，人们接受及交互信息的介质发生了巨大的改变。从上古时期的结绳为记、哨声为号到农耕时期的飞鸽传书、驿站传信，直至借力工业时期信息技术发展不断迭代的网络媒体，信息的传播日益快速、便捷。2020 年全球爆发的新冠疫情使国内群体交际遭受极大的打击，集体上学、集体工作等习以为常的动作在当时变成了"期盼"。此次疫情给了教育工作者们一个警醒：我们的教育需紧紧抓牢信息时代的资源，通过融合不同介质完成教育工作，让教育行为适用于多个场景。阅读亦可不再受限于纸质书籍，为儿童提供更多样化的阅读体验，以提高阅读的趣味性及互动性。

在这里，我列举部分适用于儿童阅读的互联网介质，为教育同僚们提供一些探索路径。

一、电子阅读器

（一）Kindle

Kindle 是由亚马逊 Amazon 设计和销售的电子阅读器，名字意为点亮火焰。用户可以通过无线网络使用亚马逊 Kindle 购买、下载和阅读电子书、报纸、杂志、博客及其他电子媒体。作为一款研发较早、最贴近纸质书籍观感的成熟电子阅读产品，Kindle 适合家庭共阅，也适合让孩子随身携带，在需要的时候随时可查阅相关书籍。而且与其他电子设备相比，它墨水屏的设计能很好地保护眼睛。

（二）iReader 儿童阅读器

iReader 儿童阅读器是一款专为少儿阅读研发的阅读器产品，可满足儿童多种场景下的阅读。看习题、读绘本、学英语、听故事，满足不同阶段孩子的阅读和学习需求。阅读器内置的书城精选 20 余万册优质少儿图书，为不同阅读兴趣的儿童提供更多选择，培养孩子知识的全面性。同时听故事模块内置约 14 万集有声读物资源，其中亲子儿童内容超过 6 万集。针对性强的儿童阅读器相较普众阅读器增加了中文分级阅读体系，能有效控制儿童阅读的书目，适用于年龄层次较低的孩子。

二、手机 APP

（一）哪吒看书

哪吒看书是专门面向 3~18 岁青少年的移动交互式富媒体儿童阅读平台。APP 整合国内外原版畅销童书，将经典的纸质图书与数字技术结合，以"精品故事＋互动游戏＋炫酷插画＋动画视频＋双语配音"的丰富形式为孩子提供一个酷炫书城，如《Cricket Media》系列杂志、《爱多牛》系列 3~6 岁幼儿读物、国学经典系列故事绘本。

轻松有趣的内容互动环节设计，使孩子在游戏和故事中，提高语言能力、推理和观察、辨别、组合、分析、认知、协调、记忆、转换等多方面能力，同时帮助孩子在人格、品德、智商、情商等方面的成长。

（二）喜马拉雅

喜马拉雅 APP 是中国领先的音频分享平台，致力于用声音分享人类智慧，用声音服务美好生活。喜马拉雅拥有丰富的音频内容，涵盖泛知识领域的金融、文化、历史类专辑，泛娱乐领域的小说和娱乐类专辑；适合少儿的教育内容，适合中老年的经典内容；内容上既有音频播客的形式，也有音频直播的形式。喜马拉雅用声音连接了全中国数亿人，为内容创作者和用户搭建了共同成长的平台。喜马拉雅使得"阅读"不仅可以用眼，还能用耳，能最大限度地拓展儿童阅读时间，充实儿童阅读体验。

（三）学习强国

"学习强国"学习平台是由中共中央宣传部主管，以习近平新时代中国特色社会主义思想和党的十九大、二十大精神为主要内容，立足中国，面向全社会的优质平台。"学习强国"平台 PC 端有"学习新思想""学习文化""环球视野"等 17 个板块 180 多个一级栏目，手机客户端有"学习""视频学习"两大板块 38 个频道，聚合了大量可免费阅读的期刊、古籍、公开课、歌曲、戏曲、电影、图书等资料。中高年龄段的青少年已具备成熟的阅读能力、较为完整的知识基础，"学习强国"是青少年爱国情怀培养、了解家国大事、红色文化浸润的优质工具。

三、网络泛阅读素材库

（一）自媒体公众号：混知

混知混知，越混越知。"混知"实属新媒体时代的新式"百科全书"，它涵盖了古今中外的各知识点，如历史、百科、大事件等。它以诙谐的叙事手法讲述身边或天边的各种趣闻知识，是青少年乃至成人拓展知识面的优秀平台。

（二）TED 演讲

曾经，知识经济中的人说，你要保护如黄金般的知识，这是你唯一的价值。但是，当全球都联系在一起时，游戏规则改变了，每个人都互相关联，一切都会快速发展。当知识传播出去后，会以最快速度到达全球各地，得到反馈，得以传播，而它的潜在价值是无形的。

TED 官方网站上介绍：TED 是一个致力于传播思想的非营利组织，通常以简短有力的演讲的形式（18 分钟或更少）展现。TED 始于 1984 年，是一个集技术、娱乐和设计（technology，entertainment，design）于一体的会议。今天，TED 以 100 多种语言涵盖了从科学到商业到全球问题的几乎所有话题。与此同时，独立举办 TEDx 活动有助于在世界各地的社区分享想法。

TED 的使命就是传播思想。每一个 TED 演讲的时间通常都在 18 分钟以内，由于演讲者对于自己所从事的事业有一种深深的热爱，他们的演讲也往往最能打动听者的心，并引起人们的思考与进一步探索。青少年们通过 TED，可足不出户与全球各地的杰出人物进行心灵交流，透过演讲者的声音接触不同的领域，感受不同的事物，学习不同的思维，这是泛在学习的重要内容素材。

TED 是一个全球性的社区，欢迎来自各个学科和文化的人们寻求对世界更深入的了解。TED 坚信思想的力量可以改变人们的态度、生活，并最终改变世界。在 TED.com 上，正在建立一个世界上最具灵感的思想者的免费知识交流中心，以及一个充满好奇的灵魂的社区，他们可以通过网络和 TED 以及 TEDx 在世界各地的活动中，全年都可以交流想法和彼此。

（三）一席

"一席"则像是国内版的 TED，它是现场演讲和网络视频结合的传播平台，演讲主题覆盖人文、艺术、科技等广泛领域，分享不同的人生见解和经历。2012年 8 月底起，"一席"以平均每月一期的频率，邀请人文、科技等领域中有故事、有智慧的嘉宾前来分享。

相较 TED，"一席"显得更具人文情怀、更接地气些。"一席"不仅邀请各行业的佼佼者，也邀请沉浸于某个领域的普通人，只要有故事、有内容，都可以得到"一席"的入场券。"一席"的关键词是"科技、人文、白日梦"，在这个平台上，孩子们可一起"做梦"，一起搭建起对美好未来的想象与目标。

第二节　融阅读是一种输出式学习方式

5G 时代互联网儿童阅读的新型工具与资源助力阅读，让学习变得更多元化，但是在浩瀚无际的互联网信息面前，如何快速准确地汲取自己所需要的知识？如何验证所学知识的有效性？如何按照既定计划自律地做好时间管理？传统的学习方式在这些问题上遇到了瓶颈，那么我们为了顺应时代的变化和发展，应该颠覆传统的学习方式，我们需要进行一场学习变革。

在今天这个时代，学会一种新游戏越来越容易，可掌握一门新知识却越来越难。传统的学习方法是我们大多数人正在使用的方法，它具有三个特点：第一，以输入为主。死记硬背，或叠加阅读量，量变达成质变。第二，教条主义。盲目崇信书上的理论或框架，视野狭窄。第三，标准化应用。严格按照学到的知识去实践，遇到问题生搬硬套，缺乏创新。

费曼学习法强调学习的目的就是输出，作为著名的诺贝尔物理学奖获得者，费曼非常理解"记住知识"与"了解知识"之间的差距。费曼学习法的作用就是一种马太效应。在对某个知识的学习和思考中，一次成功的输出也会同时增强输入的能力，从而使得下一次输出的成功可能性更大，下一次取得的成果又会促进再下一次的学习和思考，壮大自己的知识体系和应用能力，加快思考的成熟。

融阅读所倡导的学习方式也是用"输入"帮助"输出"，用"输出"来倒逼"输入"。这与费曼学习法的原则是一致的。孩子们单纯地读书，没有经过深层次的思考和内容的转化，是很难记住书里的知识的，更难以灵活运用。未来的学习不会再是分数的竞争，也不是知识储备的较量，究其根本是思维方式的比拼。融阅读推崇读书要进行输出，这里通过演讲式输出、项目成果式输出及文本式输出三种形式来介绍融阅读学习落地的新样态。

一、演讲式输出

TED 演讲对于孩子而言是重要的学习素材，而 TED 演讲的这种形式也可以是孩子在进行"融阅读"后进行输出的一种方式。与正式的 TED 演讲不同，孩子不需要成为某个专业的专家，也不需要有异于常人的经历，只需要对一个问题有足够的好奇与探究。

我在本书开头提到的《少年讲书人》电视展评活动，是由广东教育学会中小学生阅读研究专业委员会、广东广播电视台现代教育频道童年童悦艺术团发起并主办，由李哲老师读书会、中小学生语文素养展示活动广东组委会承办的一次青少年书香盛事。2021 年，《少年讲书人》活动共吸引了来自全省 21 个地市、1495 所中小学校的 12 万多名选手积极参与。《少年讲书人》活动旨在拓展多元化学习方式，培养终身阅读者，发挥讲书育人功能，落实立德树人根本任务，提高小学生的阅读能力和学习能力，打造少年讲书人，让阅读者成为明星，让讲书人引领时代!

我所任职的联和吴汉小学在 2021 年 11 月成立了《少年讲书人》社团，在成立仪式上，国家高级演讲师，少年讲书人、中英文阅读、写作、演讲集训营全国教学总监欧老师在现场以"如何讲好一本书"为主题，教给了孩子们开头引人入胜的六个方法（书中故事、自己故事、先抑后扬、提问、幽默、排比），传授了孩子们如何写好主体，教给了孩子们主体逻辑清晰的三个方法（书本自身逻辑、归纳筛选逻辑、一到三个故事），每一个方法的引导欧老师都从故事和具体的事例入手，学生们听得津津有味。

学会演讲，也就是阅读的延伸，它带动学生输出，也倒逼输入。作为校方和教师也可以通过演讲，提高学生在生活中的语言表达能力。这是我们学习演讲的意义。演讲不是练习普通话，它激发的是学生的阅读和思考，也就是语文思维，同时能站在讲台上，向众人表达自己的观点，这可以提高学生的自信。让孩子听到自己的声音，参与到写作练习中去，而不是机械地背诵大人提供的演讲稿，这才是演讲对学习的意义。有练习，也有提高，孩子有兴趣，家长可以培养，孩子没有兴趣，也不必强人所难。阅读还有很多种输出形式，看演讲的节目，学习脱口秀的文本，仿写纪录片的旁白，都是有趣的阅读和学习。

一次正式的演讲式输出，应该是孩子整个学习周期的最后阶段，是对自己学习过程的梳理，是对自己学习成果的总结，还是一次群体内的知识和经验的分享。以演讲为结果导向，孩子在一开始就需要明确演讲任务，过程中也要一直为此准备素材。孩子的演讲主题可以很简单，比如"我们每天要睡几个小时""春节为什么要贴春联"等等。

为了做好演讲，必须配合一定的训练，做好充足的准备，否则失败的演讲会挫伤孩子的自信，甚至让他再也不敢做演讲。因此，教师要指导孩子做演讲的练习，要指导孩子准备好发言稿。发言稿的内容一定是从阅读中来，通过阅读的内容获得的知识并生发出的感悟体会，把自己这种真实的感受以文字的形式进行表达，并请指导教师给予修改，指正问题所在。这样就呈现了一个可以"输出"的产品，经过不断地练习把这个文字产品转化成语言产品。在刚开始的时候，孩子可以只面向自己学习小组的几个人进行演讲，到后面熟练了就可以尝试面向班级，再到年级和学校，甚至是在网络平台上分享。

好的演讲要准备属于自己的素材。这里强调一个"自己的"，是因为虽然读一本书并从中找案例也是一种准备，但并不是最好的方法。从书上找材料，是可以有帮助的，但假如一个人仅想从书本上得到一大堆现成的材料，立刻据为己有而讲给别人听，难以获得听众热烈的掌声。

"今天能参加你们的毕业典礼，我感到很荣幸。你们要离开的是世界上最好的大学之一，而我从来没有大学毕业过。说老实话，这是我最亲密接触大学毕业的时刻了。今天我想告诉你们我生命中的三个故事。就这些，没啥壮举，不过是三个故事。

第一个故事是关于连起生命中的点滴。

我进里德大学读了半年之后就退学了，我为什么要退出呢？

（退出）这事在我出生前就开始了。我的生母当时是年轻的未婚大学毕业生，她决定把我送给人收养。她态度很坚决，收养我的人必须是大学毕业生，这样，由一名律师及其妻子来收养我的事在我出生前就全都弄好了。可是当我呱呱坠地的时候，他们在最后关头确定他们真正想要的是女孩。这样，我现在的父母，当时他们也在备选名单上，在晚上接到一个电话，告诉说有一个意外出生的男婴，问他们是否想要，他们说当然想要。我的生母后来才发现，我的养母不是大学毕业生，我的养父连高中都没有读完。她拒绝在最后的收养文件上签名。几个月后当我养父母保证以后我会上大学之后，她才妥协。

十七年之后，我上大学了。不过当时不懂事，选择了一所花销昂贵的大学，几乎和斯坦福大学不相上下。我父母都是工薪阶层，他们的积蓄都用来支付我的学费了。过了半年，我看不到这么做有什么价值。我不知道以后如何生活，也不知道大学如何来帮我对生活做出规划。而我在这里花的是我父母一生所积攒的钱。于是，我决定退学，并且相信这个决定会被证明是成功的。在当时，这个决定还是很让人惊慌的，不过回头去看，这是我做出的最好的决定之一。我退学了，就不用再去上那些我不感兴趣的必修课了，我开始旁听那些看起来有意思的课程。整个事情并非全都那么具有传奇色彩。我没有宿舍房间，只好睡朋友房间的地板，我把可乐瓶还回去，这样可以得到 5 分钱来买吃的东西；每周日的晚上我会步行 7 英里横穿城区，到黑尔克力斯纳教堂吃那每周一顿的美食。我喜欢这种状态。我凭着好奇和直觉，无意中涉足的很多事情后来证明都是非常有价值的。"

这是史蒂夫·乔布斯在 2005 年斯坦福大学毕业典礼上做的演讲的开篇，在这篇演讲中，他大量地举了自身的例子，这些都是他亲身经历过的，所以就显得特别真实可信。同时因为他所举的场景都是在场听众所熟悉的，就更增加了听众的好感和演讲的真实感。这就是准备，只有自己真实的经验并加上深思的演讲才会成功。

在演讲的过程中，孩子需要讲述清楚自己学习的主题、学习的过程，以及学习的成果。演讲时最好结合相应的学习材料，比如参观博物馆时拍摄的照片，采访时拍摄的视频，读完书后做的读书笔记。演讲完后其他孩子要有提问的机会，让演讲者和听众之间有交流互动，促进彼此对知识的更多思考。

二、项目成果式输出

为了让孩子系统全面地接触"融阅读"，班级或学校可以组织孩子进行完整的项目式学习，在学习过程中引导孩子去接触不同的阅读形式。并在最后的成果展示中策划类似展览、开放日或者"融阅读"节这样的成果展示环节，以鼓励孩子，并形成影响力。

项目式学习视主题的复杂程度，可以是短至一周，长至一学期的学习周期，孩子要自主选择主题，自主设计学习的路径，而教师和家长则给予指导和支持，在这个过程中，孩子要尽可能多地接触不同的阅读形态。在刚开始尝试的阶段，教师的评价不必针对演讲效果或者孩子的能力提升，主要看孩子是否有积极投入，大胆尝试。另外，在项目学习的过程中还需要注意以下一些要点：

（一）从问题出发

孩子的学习不是以书籍为导向，而是以孩子自身为导向，在活动开始时需要有一个确定主题的阶段，类似写论文时的"开题"。孩子要从自己感兴趣的问题中挑选一个作为学习的主题，然后根据这个主题去选择相应的阅读材料，可以是书、文章、影视作品等，同时根据主题设计相应的活动，可以是实地考察、采访、亲身体验等。然后再制订一个完整的计划，安排好学习活动。

如果孩子选择的主题有类似的，彼此也可以进行小组合作，每个人负责一部分的工作，但是最终还是需要分别进行展示，因为每个孩子在活动中都需要为自己的学习成果负责。

（二）搭建支持系统

要进行一次完整的"融阅读"学习活动并不容易，它对孩子的能力有非常全面的要求，因此要为孩子搭建一个支持的系统，系统里包含学校、家庭、社会等方面的力量。在学校方面，学生在选择项目学习的主题时，教师要引导选择有趣、有意义的，同时可行性比较高的一些主题。在学生寻找学习资源时，教师要指导和支持，比如教孩子如何使用网络的搜索引擎，如何进行采访，如何记录重要信息，等等。在最后孩子进行成果展示时，教师要给予肯定以及正面反馈，对孩子的学习方法提供更多指导。

校内的其他同学要能提供同伴式的支持，如一起组成阅读小组的同学，彼此合作，彼此交流经验等。校内的相关教师、校长则需要为孩子提供场地、物资和活动等方面的支持。

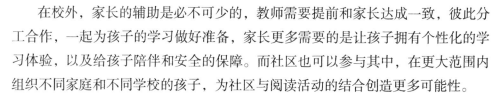

在校外，家长的辅助是必不可少的，教师需要提前和家长达成一致，彼此分工合作，一起为孩子的学习做好准备，家长更多需要的是让孩子拥有个性化的学习体验，以及给孩子陪伴和安全的保障。而社区也可以参与其中，在更大范围内组织不同家庭和不同学校的孩子，为社区与阅读活动的结合创造更多可能性。

（三）认知与实践结合

在"融阅读"活动中，"阅读"是主体，认知是主要任务，但是也需要结合"实践"活动。在学习过程中，教师和家长要协助孩子去设计一些合适的实践体验。例如，孩子的学习主题是某一种昆虫，那么除了阅读相关的图书杂志来获得基本的知识，也可以去画昆虫的样子，制作昆虫资料卡片，可以制作标本，还可以尝试养殖。如果孩子的学习主题是某种古代服饰，那么除了在网上搜寻相关的资料去看，还可以到博物馆里拍照，可以自己设计一件这样的服饰。

这样的实践活动不仅可以促进学习，还可以增强活动的趣味性，让孩子更积极参与。同时，落到实物的输出能够直观地展示给他人看，也能促进知识的分享与交流。

（四）搭建展示平台

项目式学习的输出，需要有展示的平台，才能更大程度上激发学习者的兴趣与动力。展示可以是面向班级的一面展示墙，也可以是一场面向全社会的校园开放日。展示的形式可以是多姿多彩的，甚至可以让孩子也参与展示的筹划与准备工作。

值得一提的是，家长和学校都可以利用便利的互联网搭建给孩子展示的平台。例如，参与阅读打卡活动，在微信公众平台上发图文的作品，发布相关的短视频，等等。这样的展示不是让每个孩子都成为网红，追求高点击量也并不可取，但是这样的展示也是一次给孩子学习的机会，能让孩子获得他人的鼓励和表达的勇气。

三、文本式输出

孩子的阅读学习成果可以以文本的方式输出，这样的输出方式比较传统，但是能够帮助孩子在知识层面上有比较清晰和系统的思考与表达，也有助于写作能力的提升。

学校和家长要尽可能多地创造给孩子展示这些成果的平台。比如学校可以策划校报或者校刊，甚至是微信公众平台，接受学生的投稿。比如孩子可以将作品投递到一些面向青少年的报纸杂志，或是可以参加一些征稿活动或者比赛。

故宫博物院在寒假开展了"见字如面·对话故宫"的活动,活动分为两个部分,面向北京市中小学生的部分,学生可以观看线上短视频课程,结合线下参观体验,拿起纸笔为故宫手写一封书信;面向全体社会公众的部分,公众可以参与"制作新春贺卡"和"书法集福"线上互动。故宫博物院是一个很成功、全面的教育策划,学校教师以及家长可以参考这些形式,为孩子创造更多锻炼和表达的机会。

在2022年冬奥会即将到来的时候,北京市几位初中生代表用中英文向全国、全世界的小朋友们发出倡议:"让我们一起行动起来!见字如面·对话冬奥"。倡议发出后,得到了同学们的积极响应。随着2022年北京冬奥会的正式开幕,大家纷纷拿起纸笔,写给开幕式,写给自己喜欢的运动员,写给为冬奥会提供各种保障服务的工作人员……

同学们不仅仅是通过书籍的阅读、手机上新闻的阅读了解到冬奥会,更是通过冬奥会直播镜头、经典镜头的短视频回放、广播音频等媒介阅读到冬奥会的详细信息,同学们被奥运精神鼓舞着,为祖国的富强昌盛所自豪,提笔把想对冬奥会说的话纷纷写成了文章。

"见字如面·对话冬奥"倡议书:

(来自北京市教育委员会政务微信公众号)

倡议书

Initiative

全国各地的同学们、世界各地关注体育运动的小朋友们:大家好!

Hello, domestic and overseas students and young sports fans,

我们是来自北京的中学生。

We are middle school students from Beijing.

我们怀着喜悦和激动的心情告诉大家:再过17天,第24届冬奥会就要在这里开幕了!

We want to tell everyone with joy and excitement that the Olympic Winter Games Beijing 2022 will open in this city in 17 days.

奥林匹亚的火种曾在2008年盛夏点亮了北京的夜空,

The Olympic flame lit up the night sky in Beijing in the summer of 2008,

我们和全世界人民一同唱着"同一个世界,同一个梦想",

We sang "One world, One dream" with people from all over the world,

见证了 2008 北京夏季奥运会的精彩。

Enjoyed great competitions at the Beijing 2008 Olympic Games.

2022 年，奥林匹克之火再次为北京点燃，

This year, the Olympic flame will be lit again in Beijing.

"相互理解、友谊长久、团结一致、公平竞争"的奥林匹克精神将在"双奥之城"绽放！

The Olympic spirit of "understanding, friendship, unity and fairness" will bloom in Beijing - the one and only city in the world to hold both Summer and Winter Olympic Games.

我们期待，我们自豪，让我们一起行动起来！

We are looking forward to the Games and proud of it. Let's make it all happen together!

一起约起来！隔屏观赛，为健儿加油，为冬奥喝彩，让赛场内外心手相连！

Let's enjoy the Games together by watching the live broadcasts. Cheer for the athletes and the Olympic Winter Games virtually.

一起写起来！手写书信，"见字如面·对话冬奥"，让承载祝福的文字点亮这冰雪盛宴！

Let's write together to send the best wishes for this ice and snow carnival.

一起动起来！上冰上雪，强健体魄，锤炼意志，让伟大的奥林匹克精神拥抱全世界！

Let's work together to participate in winter sports to build up our body and mind.

冬奥来了！我在北京等你"一起向未来"！

The Olympic Winter Games is coming! We are waiting for you in Beijing to enjoy a shared future together!

一起向未来！

Together for a Shared Future！

2022.1.18

"点亮思想，和融阅读"，"融阅读"打破传统的阅读规则，以开放的心态重塑阅读的形态，培养新时代的全面发展的人才。"融阅读"坚持"以人为本"的原则，尊重学生富有感情色彩的表达，尊重学生对文本的独特感悟，培养学生

的人文情怀。它是开启智慧大门的新钥匙，是与未来学习形式相结合的创新阅读形式。我将在全国做出率先示范，开启"全国品牌名校"的筑梦新征程，也希望更多的同僚能够与我同行，共攀高峰。

第九章 融阅读资源链接推荐

电脑、电视、手机、电子阅读器，都是融阅读的工具，读书 APP、微信公众号、博客、微博……各种平台上都有可以阅读的内容，融阅读不把阅读限制在文本上，还有许多的图片、视频，都是可以阅读的内容。在这精彩纷呈的网络世界里，孩子也可以接触到许多有趣有益的信息，"融阅读"主张破除介质的限制，在网络世界上探索更丰富的阅读内容。

第一节 纸质书籍书目链接推荐

一、中国小学生基础阅读书目 100 本

中国小学生基础阅读书目100本——童年的秘密与童书的价值远远没有被认识。

【网址：https://mp.weixin.qq.com/s/ivgy5z6QlmslnKFiMAr-xw】

《中国小学生基础阅读书目》（100 本），由新教育研究院新阅读研究所精心研制，几十位全国著名教育专家联袂推荐。该项目以中国儿童应树立的"核心价值观"为研制理念，旨在为小学低、中、高段不同年龄阶段的孩子挑选出阅读推荐书目，对于引进、原创或图书出版的时间等不作限制，并采取"30 + 70"即 30 本基础阅读书 + 70 本推荐阅读书的方式，将世界经典好书介绍给学生、教师和家长。

二、中国小学语文学科基础阅读书目 100 本

愿我们在学科阅读中，跨越时空，穿梭古今，点燃思想的火花，感受智慧的灵动。游走在各种领域，传播知识的魅力，享受行动的喜悦。以学科阅读提升全民阅读。

【网址：https://mp.weixin.qq.com/s/mreazAtiEmoQbPT2ftBxJA】

三、中国小学数学学科基础阅读书目 100 本

愿我们在学科阅读中，跨越时空，穿梭古今，点燃思想的火花，感受智慧的灵动。游走在各种领域，传播知识的魅力，享受行动的喜悦。以学科阅读提

升全民阅读。

【网址：https://mp.weixin.qq.com/s/a9S5MN5z69wWzk7gAhuDyA】

四、中国小学生艺术学科阅读书目 100 本

愿我们在学科阅读中，跨越时空，穿梭古今，点燃思想的火花，感受智慧的灵动。游走在各种领域，传播知识的魅力，享受行动的喜悦。以学科阅读提升全民阅读。

【网址：https://mp.weixin.qq.com/s/XZDLUY44LbriMxO-LM5ynw】

五、中国小学生科学学科阅读书目 100 本

愿我们在学科阅读中，跨越时空，穿梭古今，点燃思想的火花，感受智慧的灵动。游走在各种领域，传播知识的魅力，享受行动的喜悦。以学科阅读提升全民阅读。

【网址：https://mp.weixin.qq.com/s/Lm5To4A4z_kRCu1sXIskXQ】

六、佛山乡土文化读本

前文从孩子的角度论述过了植根乡土文化的重要性，从一座城市的角度出发，让孩子了解家乡的故事也是很必要的。一代代人，只有认识共同的文化，拥有共同的精神内涵和价值观，才可被称为一个集体。如果一座城市的文化不为新一代年轻人所知，那这座城市必定是没有温度没有底蕴的。因此，我们需要让孩子从小接触家乡的文化，不单是为了孩子的成长，也是为了文化的传承。表 9-1 是笔者挑选的适合青少年阅读的佛山文化读本，读者可以酌情选择其中感兴趣的内容来阅读，所有的这些读本都可以在佛山市南海区图书馆借阅到。

表 9-1　适合青少年阅读的佛山文化读本

序号	类别	书名	作者	出版社
1	地情文化	佛山记忆	佛山古镇文化发展有限公司主编	广州出版社
2		南海名胜 南海名人 南海风俗（风俗篇）	中共佛山市南海区委宣传部等	中山大学出版社
3		这里最佛山系列丛书：文化民俗风采录	中共佛山市禅城区委宣传部等	南方出版社
4		盐步印记	佛山市南海区大沥镇文化站编	华南理工大学出版社

续表

序号	类别	书名	作者	出版社
5	地情文化	南粤风：岭南风俗	王亮	广州教育出版社
6		解密丹灶文化	吴劲雄	中共佛山市南海区丹灶镇委员会宣传文体办公室编
7		九江龙威	吴彪华	大众文艺出版社
8		佛山北帝文化与社会	罗一星、肖海明	广东人民出版社
9		南海观音文华苑	傅克勤编著	广西师范大学出版社出版
10		大沥记忆二	李艺	汕头大学出版社
11		南海美食 南海特产 南海传说（南海特产篇）	中共佛山市南海区委宣传部等	中山大学出版社
12		佛山饮食文化	李克和	世界图书出版广东有限公司
13		佛山符号：佛山人文故事全新解读	韦廉	羊城晚报出版社
14		龙母印记	佛山市南海区大沥镇文化站编	华南理工大学出版社
15		佛山古村落	朱雪梅、田继贤	广东人民出版社
16	自然地理	佛山读本	商学兵主编	广东人民出版社
17		佛山古镇历史辉煌与寻迹	佛山市禅城区祖庙街道文体服务中心编	广州出版社
18		佛山传统建筑	周彝馨、吕唐军	广东人民出版社
19		名人与西樵山	冯植	南方文化艺术出版社
20		这里最佛山系列丛书：风景人文风采录	中共佛山市禅城区委宣传部等	南方出版社
21		古村今韵	南海区文体旅游局等	广东旅游出版社出版
22		佛山（中国国家人文地理）	中国国家人文地理编委会编	中国地图出版社
23		南海名胜 南海名人 南海风俗（名胜篇）	中共佛山市南海区委宣传部等	中山大学出版社
24		佛山古今桥梁掠影	王茂浪编著	广东人民出版社
25		至好景：岭南胜景	东方莎莎编著	广东教育出版社出版
26		佛山记忆	佛山古镇文化发展有限公司主编	广州出版社
27		天下之西樵	邓伟根主编	广西师范大学出版社出版
28		畅游南海	李泽儒著	中国旅游出版社出版
29		南海市地图册	南海市地名委员会等	广东省地图出版社出版
30		佛山古今名胜	程淑敏、杨智维编著	广东省地图出版社出版
31	非物质文化遗产	佛山粤剧文化	马梓能、江佐中	广东经济出版社
32		剪纸	关宏、王思伟、王玉桥	知识出版社
33		石湾陶卷	刘孟涵	中国科学技术出版社
34		佛山醒狮	余婉韶	世界图书出版广东有限公司
35		中国佛山功夫文化	张雪莲	广州出版社

续表

序号	类别	书名	作者	出版社
36	非物质文化遗产	中国佛山龙舟文化	李小艳	广州出版社
37		南海醒狮的历史、文化与技艺	谢中元、黎念中编著	光明日报出版社
38		佛山秋色	余婉韶	世界图书出版广东有限公司
39		佛山祖庙	肖海明、王海娜等	广东人民出版社
40		佛山非物质文化遗产名录图典	佛山市文化广电新闻出版局等	广东世界图书出版公司
41		非遗寻宝记 佛山南海篇（共 5 册）	江西教育出版社	广东众蚁文化传媒有限公司
42		佛山陶瓷纵览	佛山市档案局等	广东人民出版社
43		佛山金箔锻造技艺	郭文钠、万涛	世界图书出版广东有限公司
44		佛山纺织史	吕唐军	广东人民出版社
45		香云纱	廖雪林、李伯瑞 邹婧婧	知识出版社
46		佛山中医药文化	郑洪、陈凯佳	广东人民出版社
47		佛山状元文化	梁凤莲	广东人民出版社
48		南海非遗 南海书画 南海诗联	中共佛山市南海区委宣传部等	中山大学出版社
49	史料	佛山现代革命史概要	佛山现代革命史概要编委会	广东人民出版社
50		岭南近代史事与文化	赵春晨	中国社会科学出版社
51		佛山历史人物录 第一卷	佛山炎黄文化研究会等编	花城出版社
52		佛山史话	佛山市地方志编纂委员会办公室编	中山大学出版社
53		南天岁月	王文全、骆钰华	广东人民出版社
54		辛亥南海志士（1894-1911）	佛山市南海区人民政府地方志办公室编	广东经济出版社
55		广东人民抗日斗争史册：浴血雄风	周圣英主编	花城出版社
56		中国共产党南海历史第二卷（1949-1978）	中共佛山市南海区委党史研究室编	中共党史出版社
57		中国共产党南海历史大事记（1978-2011）	中共佛山市南海区委党史研究室编	中共党史出版社
58		佛山红色地图	张群编著	广东人民出版社
59		南粤黎明：佛山一九四九年前后	张群编著	广东人民出版社
60		广州的故事	苏泽群、关振东主编	花城出版社
61		百年佛山	王春芙	广东旅游出版社发行
62		中西文化交流与岭南社会变迁	赵春晨、何大进、冷东主编	中国社会科学出版社
63		广东民国史上下册	广东民国史研究会编	广东人民出版社

续表

序号	类别	书名	作者	出版社
64		蔡李佛传奇	盛慧	花城出版社
65		佛山历史人物论丛	佛山市地方志办公室等	广东人民出版社
66		詹天佑：从南海幼童到中国铁路之父	经盛鸿、经姗姗	广东人民出版社
67		南海名胜 南海名人 南海风俗（名人篇）	中共佛山市南海区委宣传部等	中山大学出版社
68		陈启沅传	吴建新	广东人民出版社
69	名人传记（轶事）	南海艺人：非遗传承人的工匠精神	段晓宏主编	江西高校出版社
70		佛山功夫名人影视传播研究	姚朝文	中山大学出版社
71		佛山历史人物录 第三卷	佛山炎黄文化研究会等编	花城出版社
72		黄飞鸿纪念集	李晓龙	广西师范大学出版社出版
73		南海名医	中共佛山市南海区委宣传部等	羊城晚报出版社
74		康有为	赵立仁	广东人民出版社
75		何香凝传	顾问、彭明著	中国华侨出版公司
76		这里最佛山：历史人物风采录	中共佛山市禅城区委宣传部等	南方出版社
77		李待问传	杨丽东	广东人民出版社
78		功在文化 利在中华：石景宜传记	罗怡君、施汉云	武汉大学出版社出版
79		百科全书的学者：邹伯奇	王维	广东人民出版社
80		石景宜先生传记	刘书东、施汉云	广东高等教育出版社出版

第二节　纪录片视频链接推荐

每一部纪录片都是一本鲜活而灵动的书，导演用绚丽的视听效果，把观众领到世界的另一端，以不一样的视角来探究自然、科技、历史、人文。看一部纪录片就是一趟旅行，孩子们在这趟旅行中丰富对世界的感知，培养对世界的好奇。

一、3D 博物馆资源：（来源：四维时代科技 ID:Service_4DAGE）

不忘本来，才有未来。思触千古，神接千里。让你足不出户，安安心心。线上逛 3D 博物馆、鉴赏 720° 高清文物，学习历史文化，懂得本来的样子，这些文化符号、名片、记忆、密码永远值得传承。这也是我们的责任和自信。

网址：https://mp.weixin.qq.com/s/eQ2IuHdlIVg7n0IsXJs5iA

二、央视纪录片

《读书的力量》：

https://mp.weixin.qq.com/s/NlZXfam7T2cb_DhvQ4sn_g

《感动中国》（20 年）：

https://mp.weixin.qq.com/s/0qEtg7rrBuHXNdO8YClBSQ

《大师》合集（共 136 集）：

https://mp.weixin.qq.com/s/OHQIdI9MQZ60Sw88XdsHNw

《朗读者》（1~2 季）：

https://mp.weixin.qq.com/s/OZn2yX69Z2wud19jDaJ7Kw

《中国诗词大会》1~6 季：

https://mp.weixin.qq.com/s/mD-9K9tyHf9wtehHCIibWw

《跟着书本去旅行》：

https://tv.cctv.com/lm/gzsbqlx/index.shtml

《四季中国》：

https://mp.weixin.qq.com/s/LsNSxZwU9Z7Hu3A6MGAloQ

《中国古镇》（104 集）：

https://mp.weixin.qq.com/s/SI8362fuZZDRZVQk79TZyQ

《河西走廊》：

https://mp.weixin.qq.com/s/3yHHccEfI89GWuQ0Gu9_0g

《第三极》：

https://mp.weixin.qq.com/s/KT51K0sYzHga7_0mznJyZw

《航拍中国》（Ⅰ.Ⅱ.Ⅲ）：

https://mp.weixin.qq.com/s/mD-9K9tyHf9wtehHCIibWw

《如果国宝会说话》：

https://mp.weixin.qq.com/s/OcDgpPV4eFPIklEhYVMoig

《故宫 100》：

https://mp.weixin.qq.com/s/OUFA8HGaJMDHZxvH_UYAAw

《传承》：

https://mp.weixin.qq.com/s/L4YWsEGPOC5bcvsdotQrBQ

《敦煌》：

https://mp.weixin.qq.com/s/tXv5o1-YKtob7YZigJtwLQ